普天之下・盡是好書
普天出版家族
Popular Press Family
凌雲文創
A-Plus Creative Company

普 天 之 下 · 盡 是 好 書

普天出版家族
Popular Press Family

凌雲 文創
A-Plus Creative Company

Thick Black Theory is a philosophical treatise written by Li Zongwu, a disgruntled politician and scholar born at the end of Qing dynasty. It was published in China in 1911, the year of the Xinhai revolution, when the Qing dynasty was overthrown.

Be Human by Wisdom

Be Human by Wisdom

Thick Black Theory is a philosophical treatise written by Li Zongwu, a disgruntled politician and scholar born at the end of Qing dynasty. It was published in China in 1911, the year of the Xinhai revolution, when the Qing dynasty was overthrown.

做人要藏心

你必須知道的人性叢林生存法則

做事要留心

見機行事篇

德國哲學家康德曾說：

「舉凡愈卑鄙的人，愈會成爲演員，往往佯裝對他人尊敬、友善、謙虛與無私的樣子。」

在險惡的人性戰場上，我們的身邊充斥著坑人害人的小人，並非所有的眞話都可以毫無保留地說出，並非所有的計劃都可以讓對方知道。

如果你不懂得隱藏自己的心思，留心自己正在推動之事，那麼永遠都只會是人性戰場中的輸家，被小人玩弄於股掌之中。

我們所遭遇的人，可能誠實正直，但也可能陰險狡詐，就算摸清對方的性格與心理特質，也必須有所防範，才不會衍生料想不到的風險。

Thick Black Theory is a philosophical treatise written by Li Zongwu, a disgruntled politician and scholar born at the end of Qing dynasty. It was published in China in 1911, the year of the Xinhai revolution, when the Qing dynasty was overthrown.

王渡 編

【出版序】

做人要藏心，做事要留心

不懂得厚著臉皮向你根本不屑一顧的人弓腰哈背，不懂得狠下心來消滅「敵人」，就會眼睜睜地看著成功跟自己擦身而過。

・王渡

德國哲學家康德曾說：「舉凡愈卑鄙的人，愈會成為演員，往往佯裝對他人尊敬、友善、謙虛與無私的樣子。」

在險惡的人性戰場上，我們的身邊充斥著坑人害人的小人，並非所有的眞話都可以毫無保留地說出，並非所有的計劃都可以讓對方知道。

如果你不懂得隱藏自己的心思，留心自己正在推動之事，那麼永遠都只會是人性戰場中的輸家，被有心人玩弄於股掌之中。

做人必須講究手腕，不可以過於直接，不知有所保留的人，往往會造成他人的困擾或讓自己受傷。至於做事，則不能感情用事，因爲激情萌生的古怪念頭，稍稍過量便會使判斷力出問題，使自己因爲失控，做出幼稚、膚淺的事。

感情用事大多不會有好結果，要做到不管是大順之時還是大逆之際，都不會讓別人摸清自己的思緒和情緒。

從西元一六〇三年到一八六七年，長達二百六十五年，是日本「德川幕府」掌控政權的時代，「德川幕府」的開創者德川家康的一生充滿了傳奇性與戲劇性，堪稱是日本的厚黑教祖。

德川家康的性格是在十三、四歲時奠定的。那時他就下定決心要滅掉織田家，繼而奪取天下大權。為了實現這個願望，他處處表現得謙虛與服從，讓別人以為他是個沒有野心的人，甚至為了取信織田信而殺掉自己的妻子。

德川家康的作風，贏得織田信長的信任。像他這種後台不強硬的家族，以服從二字作為自己的外交政策，是最明智之舉，德川家康一直都堅守這項原則，即使後

來他成為日本第二大勢力集團，對於支配他的人——豐臣秀吉，仍然表現得像綿羊一般溫馴，像狗一般忠實。

可是，等到豐臣秀吉一死，他就搖身一變，成了一個詭譎多詐的政客。德川家康以服從為手段，藉此取得別人的信任，這種偽裝的功力竟維持了五十年之久，實在令人感到不可思議。

一個人若是太過老實，往往就會被認為不具威脅性。德川家康一直假裝老實，所以織田信長誤認為他很好利用，無論什麼事都支使德川家康去做。然而，另一位名將武田信玄卻戒心大起，並告訴他的部下，一個人看似膽小老實的人必定隱藏著自己的智慧和實力，對任何一件事都會預先做好周密的計劃與防備。

德川家康有一項別人沒有的特殊本領，就是縱使心情起伏如何劇烈，也絕不會輕易地流露出來，從未隨意向部屬們動怒、懲罰。

他面對極端厭惡的人，能把嫌惡之情深深隱藏起來，與對方見面時，仍然裝出十分親善的表情，禮貌且誠摯地問候對方。

德川家康覺得爽快的性格太過膚淺，奸詐、狡猾、多變的個性才會讓人傾迷。

他認為，一個人心裡的真正感受一定要加以掩飾，否則自己的心意豈不全被對方猜透。

老實與怯懦只是德川家康的偽裝，事實上，他的腦筋靈活，反應快速，只是從不表現出來，藉以讓人失去防備。

亞里斯多德曾說：「人在最完美的時候，似乎是動物中的佼佼者，但是，當他為了一己之私的時候，便是動物中最差勁的東西。」

正因爲如此，想在競爭激烈的現實社會存活，想在人性戰場上克敵制勝，就必須懂得懂得「做人藏心，做事留心」的道理，才不會老是淪爲被人坑騙、欺詐的對象。

聰明而又謹慎的人總是能夠保持自我控制的能力，絕不會輕易受到情緒的制約。從德川家康的處世謀略與後來的際遇不難知道，做人做事若總是感情用事，只想逞一時之快在嘴上討便宜，喜怒外形於色，實是人生最大的忌諱，這樣的人根本成就不了大事。

02. 太過聰明，只會陷入困境

要比別人聰明並不難，但就難在，聰明的人往往不明白什麼時候應該遮掩光芒，結果反倒無端為自己招來災厄。

03. 用對方的邏輯解決問題

當我們遇到固執己見的對手，費盡唇舌也難以說動時，應該順著對方的思路與邏輯，才可能動搖得了他的想法。

04. 不要被你最信任人操縱

對於人的信任不要全心投入，再親近的人也要有些保留，
畢竟真正肯犧牲自己成全別人的人從來屈指可數。

05. 與人溝通要懂得投其所好

每個人都有機會表現自己，也有更多要讓步以求全的時候。對此我們不必懷抱不滿，因為在我們成功之前，首要學習的正是犧牲和退讓的睿智。

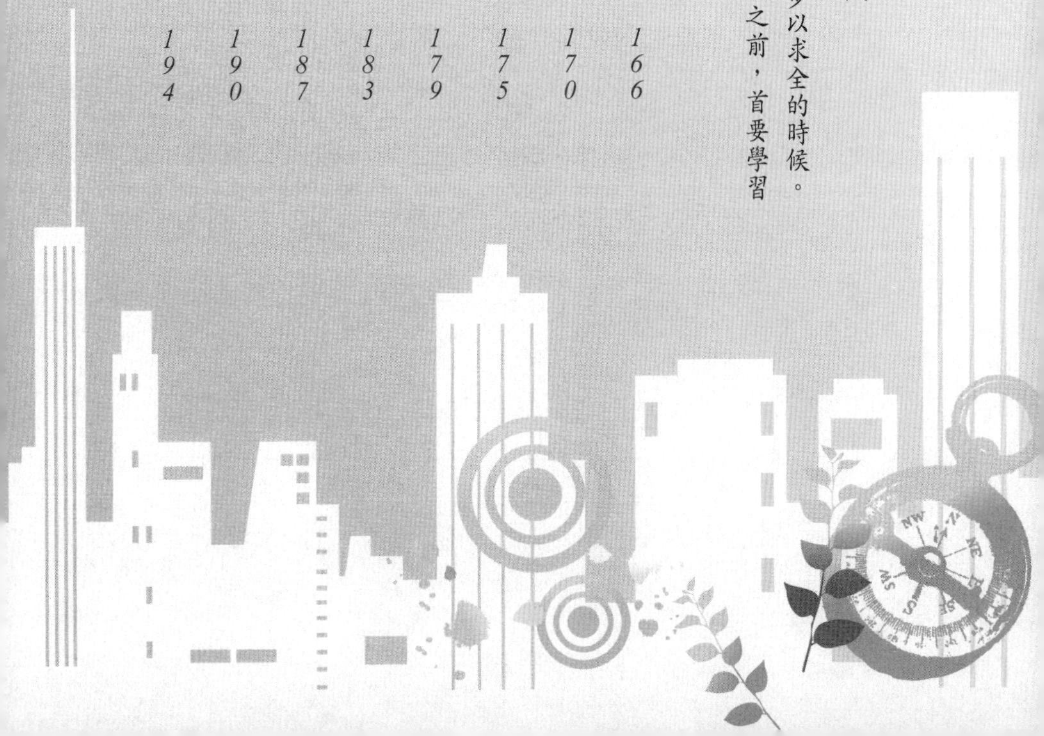

06. 姿態放低才能受人歡迎

謙虛的態度，能讓他人甘心為我們所驅策。要放低姿態才能為自己的事業與理想開拓更為寬廣的道路。

07. 留心逢迎諂媚的小人

忠言永遠逆耳，對你有所貪圖的人，他們當然會多講一些你想聽或是你喜歡聽的話來迎合你。

08. 有自我判斷才能提出創見

「創意」與「創見」多半來自不依俗套的頭腦，以一種新的方式，把心裡的想法表現出來，強調的是獨立思考的重要性。

09. 不怕沒機會，只怕沒本事

希望找到「對的人」，總是需要一點時間等待，挑選時別忘了多點誠意與氣度，好魚兒自然會蜂擁而來，全數上鉤。

10. 恃才傲物等於自尋死路

每個人的能力有限，即使天賦異稟也總有弱點，沒有什麼東西值得我們驕傲的，謙卑與謹慎才是有為者的處世之道。

PART 1.

用點心術，就能扭轉劣勢

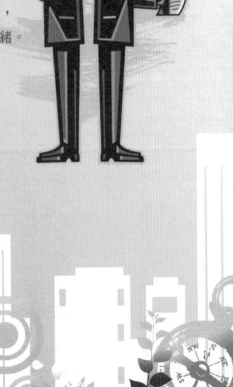

想解決問題扭轉劣勢的人，
便要學會作台階給人下，
學會怎麼結束人與人之間的戰爭，
學會在關鍵時刻控制好自己的情緒。

相信別人才能獲得真心

越與人計較，我們越無法看見別人的長處。而越猜忌懷疑，我們越無法贏得別人的真心。

人與人之間最難建立的關係正是信任。

信任度的建立無法靠單方面表現而得，如果我們的心中始終抱持著懷疑的態度，無論對方付出多少努力，永遠也得不到眞正的信任，彼此間的合作也必定會屢出狀況，更別提如何共創雙贏的結果了。

劉邦手下一群老部將對於陳平的升職都很不服氣，於是他們聚集起來，想盡辦法要把陳平拉下馬。

不久，軍中傳出了這樣的消息：「聽說陳平曾經與他的嫂嫂通姦，是個人品極差的傢伙，真不知道主公為何這樣器重他。」

劉邦聽聞這樣的消息，立即找來魏無知問話：「陳平是你舉薦的，你難道不知道他有這樣的壞名聲嗎？」

魏無知回道：「主公，陳平傳出惡名的原因並不在於他的背景，而是因為他初來乍到，一下子便升任要職，以致眾將不服啊！對於傳言中通姦一事，事實上臣也略知一二，陳平家境清貧，父母早亡，向來與兄長同居，但是嫂子卻一直視他為眼中釘，總是對他惡言相向，兄長因此故而休了妻子，之後便傳出了陳平與兄嫂私通的傳言。其中真相如何，臣確實沒有再予追究，臣推薦陳平的原因，沒有其他，只因他有真本事。」

劉邦聽完之後點了點頭，不過當他正準備說話時，陳平忽然出現。

剛剛魏無知的一番話，陳平全聽見了，他主動地說：「主公，我陳平曾在項羽和魏王手下做過事，然而他們並不惜才，直到我聽說您重視人才，所以來投奔您，關於他人中傷之事，臣不想多做解釋，只要漢王覺得臣不可用，那麼您給的四萬兩

我會立即奉還，馬上告辭。」

說完，陳平將印信拿了出來，劉邦見狀，一把抓起印信說：「從今天起，你便是護軍中尉，眾將全權由你監護，如果再有人散佈謠言，你大可依法處理。陳將軍，劉邦不曉得事理，差點誤了大事，請容許我在這裡向您賠罪。」

說著，劉邦起身要向陳平行禮。

陳平大驚，連忙跪下，還流下了兩行英雄淚：「主公如此待我，陳平必定誓死效忠，絕無二心。」

劉邦點了點頭，上前扶起了陳平說：「今日之事確實是我的錯，如今我有張良、韓信、蕭何和你，何愁得不到天下！」

果然，陳平不負劉邦對他的期望，更未有辱自己的承諾，輔佐劉邦對抗項羽時屢出奇謀，功勳彪炳。

劉邦死後，他仍然忍辱負重，協助新主平定呂氏之亂，安定劉氏天下。

尋找忠誠伙伴的最好方法，就是我們要先表現出待人的誠摯與信任，一如劉邦

省思的：「是我不對，我不應該對你有任何質疑。」

其實，對一個人產生質疑，便表示我們已對他失去了信任感，更可能辜負了誠心與我們合作的朋友。在我們尙未確知對方懷有二心前，自己的心早已浮動不安了。因此，與其計較別人是否眞心待己，我們何不先問問自己：「我是不是眞的相信對方，願意與他禍福與共呢？」

從魏無知的角度來看，我們也明白了，原來人與人之間的交往關鍵只在於「信任」。只要你相信對方會是個好幫手、好伙伴，那麼他就絕對會成爲自己的好拍檔。就像魏無知所暗示的：「既然我們期待的是一個有能力、有本事的合作對象，又何必對那些已經過去的事諸多計較呢？」

的確，越與人計較，我們越無法看見別人的長處。而越猜忌懷疑，我們越無法贏得別人的眞心。所以我們會發現：「眞正能成就大業的人，在他開放的心胸中永遠看不見猜忌的心思。」

用點心術，就能扭轉劣勢

想解決問題扭轉劣勢的人，便要學會作台階給人下，學會怎麼結束人與人之間的戰爭，學會在關鍵時刻控制好自己的情緒。

行銷的技巧有很多種，解決問題的方法更是不計其數，但是在面對人際關係的問題上，卻只有一種方法，那就是看誰願意「先退一步」。

「退一步海闊天空」，只要我們願意先轉換自己的情緒，再大的問題也一定會找到透氣的出口。

賀伯是個非常努力的推銷員，雖然他同時要推銷六七種不同的商品，但是他從不覺得辛苦，反而認為是個難得的歷練。

自從投入職場後，賀伯便憑著流利的口才與細心的態度，很快地攻佔消費者的心，無論什麼樣的產品，每個月他都會有一定的成績，這也讓每個與他合作的行銷夥伴非常輕鬆，當然也更願意大方地與他分紅。

口若懸河與反應靈敏是賀伯的成功原因，不過他今天向客戶丹尼爾解說產品時，這些優點似乎表現得並不理想，賀伯不經意中得罪了他。

丹尼爾暴跳如雷地指著他說：「你這是什麼意思？」

賀伯今天確實有些失常，他居然也不甘示弱地說：「丹尼爾，你實在很不理智，如果您不高興，我可以讓您變得理性一點，我可是軍校畢業的。」

聽見賀伯這麼說，丹尼爾更不高興了，憤怒地說：「是嗎？雖然我有家庭了，但是在這個情況下，我很願意好好地奉陪……」

「丹尼爾，您是一家之主？那您有孩子了吧？」賀伯忽然問道。

丹尼爾回答：「當然有了，你又想說什麼？」

沒想到滿臉不悅的賀伯，忽然換了張和顏悅色的笑臉，接著問道：「孩子們應該有八、九歲了吧？」

「差不多吧！你到底想幹什麼？」丹尼爾感覺氣氛有些詭異。

賀伯突然跳了起來，接著緊緊地捉住丹尼爾的手說：「那太好了！」

丹尼爾被賀伯這個動作嚇得退了一步，賀伯接下來卻是笑容滿面地說：「丹尼爾，您真是太幸運了！《兒童報》即將出版了，訂閱一年只要六塊美金！內容是由多位權威人士所撰寫，紙張厚實，不會輕易被孩子們毀損，內頁的插圖則是由國內著名的藝術家們繪製，全彩印刷且絕不褪色，如何？您要不要為孩子們訂一份呢？一定會對他們有很大的助益！」

賀伯這突然的舉動和轉變，讓丹尼爾一時呆住了，不過這樣的轉折變化卻逗得周圍的人們哈哈大笑。

最後，丹尼爾竟然訂閱了二份報紙，使原先劍拔弩張的小糾紛以喜劇收場。

從一開始的爭吵到最後簽下訂單，看起來十分戲劇化。先是對立然後退讓的過程，轉變看似突然，實則一切都掌握在賀伯這個推銷員手中，因爲其中解決關鍵正是賀伯靈活運用這份新出版的《兒童報》，不但止息紛爭，更創造了好業績。

如果，賀伯和往常一樣，直接向消費者推薦這份報紙，想必也只能簡簡單地陳述報紙的內容和特色。這些都是人們在推銷時的共通方法，當然很難吸引人們的目光。即使賀伯的口才再好，可能也激不起消費者的訂購慾望。

因此，他用了點巧思，在平淡的溝通過程中激起一點火花，然後瞬間澆熄並讓對方來不及反應。一時間，消費者面對突如其來的轉變，當然反應不及，只得順著情勢而走了。結果正如我們所看見的，丹尼爾最後選擇了訂閱報紙，因爲他知道：「賀伯是有心退讓的。」

日常生活中，我們經常會遇見人際間的對立與爭吵，想解決問題扭轉劣勢的人，便要向賀伯學習。學會作台階給人下，學會怎麼結束人與人之間的戰爭，學會在關鍵時刻控制好自己的情緒，我們將明瞭「退一步海闊天空」的道理。

越貪婪越容易受騙上當

少一點貪婪，多一點踏實，我們才能真正地享受生活的樂趣，也才能開開心心、自由自在地享受富足人生。

貪婪是人性的一大弱點，貪婪的念頭一起，我們便已陷入危機之中。即使明知眼前方向有誤，很多人還是會盲目地踏上。

抑制不了貪婪的人，往往都得等到大難臨頭、跌入谷底之後，才會驚覺這一切不過是華麗的騙局！

東漢時期，宦官張讓不僅獨攬大權把持朝政，更敢隻手遮天。朝野人士都知道，若想得到提拔升遷的機會，便得過得了張讓這一關。因此，只要是想快速升官的人，

個個都搶著巴結張讓府邸裡的人。

有個初到京城的富商孟倫，一到洛陽便聽說這個消息。當他仔細了解情況之後，心中也有了絕妙的生財之道。

他先是打聽到，由於張讓平時都得在宮中侍候皇上，家中全由一位管家主持事務，每個想求見張讓的人都得先經由他的安排。

探明情況之後，孟倫便從這位管家著手。

他打聽到管家經常上的酒館，便在那裡等候，伺機接近。他果真很幸運，第一天等候便等到了管家。

管家享用完餐點後，卻發現忘了帶銀子出門，所幸他與酒館老闆早已熟識，因此便言明暫時賒帳，等下回光顧時再付。

不過，這時孟倫卻立即上前解圍：「管家，您這頓飯我請。」

只見孟倫大方地拿出銀兩支付，接著便與管家閒聊了起來。受人恩惠的管家心中甚是感激，再加上兩人的交談非常熱絡，孟倫與管家很快地便成為朋友。

魚兒上鉤了，孟倫更是用心奉承，很快地他便擄獲了管家的心，由於管家收了

孟倫不少好處，但孟倫卻從來都沒有要求回報，這竟然讓慣於「吃黑」的老手也心生愧疚之意，這天他問孟倫：「你有沒有需要我幫忙的地方？」

孟倫一聽，連忙說：「我本來就喜歡結交朋友，別無所求，不過，如果您不為難的話，我很希望您可以當眾對我一拜。」

管家笑著說：「這有什麼難的！」

第二天，孟倫來到張讓的府前，那些盼望升遷、趨炎附勢的小人也早已擠在門前，靜靜等待管家開門安排。

不久，管家領著奴才們開門見客，眾人也立即湧上前去。

這時，管家卻忽然揮了揮手，領著奴才們朝著孟倫的方向前去，接著他帶頭向孟倫行跪拜禮，然後客客氣氣地引領他進入府邸。

眾人一看見管家對這個陌生人如此恭敬，無不議論紛紛，心裡揣測：「他一定是張府的重要人物。」

「這個人和張讓的關係肯定非比尋常。」有人交頭接耳說。

於是，那些等不到管家的人紛紛轉向拜託孟倫，他們將原本要給管家的金錢，

全數送到了孟倫家。

至於孟倫，他當然早預料到這種結果了。因為他在管家身上下那麼多的功夫，無非就是為了今天，面對這些捧著金銀財寶上門請求的人，孟倫一概允諾，不到十天，他便累積了萬貫家財。

那麼人們的拜託呢？

自從有天黑夜孟倫舉家偷偷離京後，就再也沒有下文了。

不知道是孟倫太奸詐，還是被慾望蒙蔽的人根本看不見現實眞相？

不論是管家被利用了，或是奸商的本質太過詭詐，問題關鍵始終都出在「求官者」的身上，若不是他們利欲薰心，被孟倫清楚看見人們急於求官的弱點，他們怎麼可能會被欺騙？而且是被騙得血本無歸？

這類故事的道理古今皆通，在在說明如果我們能少一點貪婪之心，社會上受騙的哭泣自然會少一些。

世上沒有白吃的午餐，沒有付出努力而得到的財富，原本就讓人感到不踏實了，

更何況是故事中那些只懂逢迎巴結而沒有實力的求官者呢？抑制不了貪婪的人又怎麼可能眞正地得到成功的機會呢？

眞正的機會要靠自己創造與爭取，我們才能清楚掌握自己的未來，也才能不必受制於人，自在地享受豐收的果實。

少一點貪婪，多一點踏實，我們才能眞正地享受生活的樂趣，也才能開開心心、自由自在地享受富足人生。

實力是阻絕閒言閒語的最好方法

如果我們不能比別人更加積極主動，只知道一味地退讓或等候，那麼機會永遠只會停留在別人的手上。

搶走別人手中的機會雖然有些殘忍，但換個角度看，好的機會如果不能讓一個眞正有實力的人擁有，不是太浪費了？

所以，面對機會，我們不要有過多的考慮或遲疑，大方爭取就對了。關於人們的閒言閒語，等你展現實力之後，他們自然知道該閉嘴了。

一落筆詩境便讓人迷戀的唐代大詩人王維，卻曾因為《鬱輪袍》一案，讓許多人對他的為人處事發生質疑。

據說，當初王維到京城準備參加科考時，曾向岐王請託，希望能得到太平公主的薦舉。不過，當時太平公主卻早已答應張九皋的請託，如今要她向主考官重新推薦人選似乎不太妥當。

因此，岐王為難地對王維說：「公主性格剛強，想要求她改變主意並不容易。我想到一個法子，你先挑選出十首舊詩作，然後再將之編成一首哀怨動聽的曲子，五天之後再來找我吧！」

王維依約在五天後來找岐王。只見岐王拿出了一件花俏的衣服，將王維巧扮成樂師，一同來到公主的府第裡表演。

岐王對公主說：「感謝公主接見，今日臣等特別獻上美酒音樂來侍奉您。」只見酒菜擺好後，樂工們也依序入殿，眾人之中王維顯得氣質翩翩，十分吸引人，其中當然也包括公主了，公主一看見王維便問岐王：「這是什麼人？」

岐王微笑道：「是個很懂音律的人。」

接著，王維便演奏新譜成的琵琶曲，音樂果然淒美動人，在座的人聽聞無不動容。這時公主走向王維，親自詢問他：「這首曲子叫什麼？」

王維見狀，立即起身說：「《鬱輪袍》，公主。」

看來公主相當欣賞王維，岐王乘勢說：「公主，這個年輕人不僅音樂好，更是寫得一手好詩啊！至今尚未有人能超越他呢！」

於是，岐王示意王維將整理的詩作呈上，公主仔細閱讀後，果真讚譽有加：「這些詩是你寫的？我一直以為是古人之作，竟是你寫的！」

這時，岐王繼續推薦王維說：「這個年輕人如果能科考高中，朝廷實在是多得了一個難得人才啊！」

公主一聽，不解地問：「為什麼不讓他去應試？」

岐王道：「這個年輕人心高氣傲，如果沒能得到尊貴的人引薦考中榜首，他寧願不考。只是微臣聽說您已經推薦張九皋了，如今再也沒有人可以幫他了。」

沒想到，公主竟對王維說：「喔，我還以為什麼事，我也是受人請託才辦的，如果你真的想考，我當然幫你囉！」

王維一聽，連忙起身答謝，而公主也立即向主考官改薦王維之名。不久科考結束，王維也果真一舉登第。

無論古今，人們爲了爭得一席成就無不掏空心思，即使實力堅強的王維也一樣無法免俗。但是在舊的思維中，這些巧取得來的成就始終令人非議。

不過，面對新時代的價值觀念，相信有許多人會肯定這樣的做法，肯定這種積極爲自己爭取機會的聰明人。

畢竟如果他們一點實力也沒有，再多的小動作也幫不了他們。

歷史故事中經常引人深省。成功的定義，一如王維在故事中的表現：「只要有實力，你絕對有資格從別人的手中搶回機會！」

不同往日，如果今天我們不能比別人更加積極主動，只知道一味地退讓或等候，那麼機會永遠只會停留在別人的手上。

其實，只要有能力，我們不必在意人們的議論，因爲，接下來你只要全力以赴，努力展現實力，總有一天所有人會肯定你的才華，對你佩服得五體投地。

用一句話扭轉劣勢

懂得從不同的視角去延伸創意，或是找出突破問題的新視野，那麼我們自然就能發掘出全新的創意和想像空間。

因爲人的獨特性，每個人的思考都具備了極高的可塑性。

你希望明天會有什麼樣的改變，只要願意以積極正面的態度去面對，即使只是一句話，也能扭轉未來。那麼，何不留意在我們腦海中轉動的「思考」，正朝著哪一個方向前進呢？

在美國的鮭魚市場上，販售紅鮭魚的公司與粉紅鮭魚公司的市場競爭十分激烈，但是兩方魚商競爭了那麼多年，始終都分不出勝負。因為，他們都堅持說：「我比

對方更勝一籌。」

不過，消費者基金會的調查卻顯示，一開始其實是販售粉紅鮭魚的魚商業績較好，因為他們的知名度與整體利潤都比對手高出許多。

於是，紅色鮭魚商家立即開會討論，想找出因應的辦法。

在一片沉默的氣氛中，總經理忽然厲聲訓斥著：「我給你們九十天的時間，立即將差距縮短，否則你們都得回家吃自己。」

聽完總經理的大聲斥責，現場每一位推銷人員的生活立即陷入苦思，最後終於讓他們想出了一條妙計。他們在罐頭上多設計了一條標籤，經過了三個月的試驗，紅色鮭魚的銷售量大幅上升。

剛開始，每個人都以為這只是個短期的現象，所以紅鮭魚商又等了三個月，果真公司的業績一路上升，這才隱任了他們的信心。總經理對於公司同仁的努力十分高興，於是他立即召集所有推銷人員，並給予他們肯定。

這時，他們才向總經理匯報成功的原因。原來是標籤上新增的字句，所帶來的功效，因為上面寫著：「正宗挪威紅鮭，保證不會變成粉紅色。」

也許很多人都會質疑，這句話有什麼特別的地方？

怎麼會沒有特別之處？這句廣告語不僅暗示了紅鮭的正統性，更因爲「保證」兩字，將對方的鮭魚地位重重地貶低了。他們技巧地將廣告與制敵的暗示隱藏於文字中，不僅讓對方抓不到把柄，反而大大地爲自己提升了宣傳效果。

我們從故事中發現，在魚罐頭上，推銷員們利用文字的力量，讓銷售量有了突破，那是廣告行銷時最常用的方法。一句「保證」，代表的不只是品質上的保證，更會建立消費者選購時的信心，這是廣告文字的力量，當然更是行銷人員攻入消費者心理的行銷戰術。

其實，生活中的創意並不難找，只要我們對事物能有獨特的感覺或發現，並懂得從不同的視角去延伸創意，或是找出突破問題的新視野，那麼我們自然就能發掘出全新的創意和想像空間。

能共患難不一定能共享福

放寬視野，不囿限於眼前的小利，生命的價值不是只有眼前利，還有許多我們可以和朋友共享，真實擁抱的幸福。

梭羅曾經寫道：「人們所謂的社會美德，和睦相處的關係，緊挨在一起，只是為了相互取暖。」

但是，如果有一天，跟你緊挨在一起的人，突然用腳踢你，用嘴巴無情地批判你時，也別太驚訝，因爲，這就是人性。

在我們的身邊其實不乏這樣的人，他們佔盡便宜也享盡權利。開始時他們很願意與你共患難，但事情成就之後，他們的私心盡現，不僅開始斤斤計較，也開始排斥曾經患難與共的老朋友。

十六歲那年，年輕而沒沒無聞的傑克．倫敦跟著姐夫一塊兒來到阿拉斯加，加入了當時淘金的熱潮之中。

在這條辛苦的淘金路上，傑克結識了不少朋友。在這裡什麼三教九流的人物都有，而他們的成長背景一個個也都比傑克還要貧困，但是他們卻一點也不埋怨，面對未來始終都充滿了希望與活力。

其中有位來自芝加哥的坎里南，當時已步入中年，儘管走過的艱辛已足夠寫成一部厚厚的人生傳記，但是他對於過去始終微笑以對。

每天夜裡，傑克總是喜歡和他在月光下聊天，聆聽他的人生故事，並為他的精彩經歷感動落淚。

有一天，傑克突然想到：「為什麼我不將他們的故事寫下呢？」

於是，傑克的人生目標有了坐重大的轉變，他決定開始寫作，寫下關於這群淘金者不為人知的生活經歷。

在坎里南的幫助下，傑克利用休息時間看書、學習。二十三歲時，他終於完成

了第一本處女作《獵人》，不久他又出版了小說集《狼之子》。

由於內容描述淘金工人們的辛苦生活，不僅滿足了好奇的讀者，更感動了許多不了解淘金生涯的群眾。

因為淘金者的故事深受中下層人士的喜愛，傑克也因此靠著這個主題走上了成功的道路，他不必等待看見金沙，便已經成功「淘金」了！

只是，成功並沒有為傑克帶來真正成功的未來。

因為，好不容易脫離貧困行列的傑克，似乎對金錢越來越看重了，他甚至還公開聲明：「我是為了錢才寫作的！」

當他嚐到了豪華奢侈的生活後，出手也越來越大方了。但是，這些財富他卻不願與曾經同甘共苦的朋友們分享，他似乎遺忘了那些一路上全心協助他，幫忙尋找創作靈感的朋友們。

有一天，坎里南來芝加哥探望傑克，然而，傑克卻忙於各式各樣的應酬聚會和修建新別墅，根本無心招呼他。

雖然他們曾經見面了兩次，但是傑克對他卻十分冷淡，甚至表現出一副不太想

理睬的神情，這樣輕蔑的態度讓坎里南十分難堪。

在第二次見面聚餐時，坎里南吃到一半便起身離席，傑克當然沒有上前挽留，因為他一直希望這些朋友別再來找他。

不久，他的希望終於達成了，那些淘金朋友們全都頭也不回地離開了他身邊。沒了淘金的朋友的幫忙與鼓勵，也沒了故事題材的源泉，不知道怎樣珍惜，傑克的人生也慢慢失去方向。生活中不再有感動，他的靈感自然枯竭，最終傑克倫敦再也寫不出好作品了。

慢慢地，傑克倫敦開始走向精神與金錢的危機，最終他受不了沈重的壓力，在自家寓所結束了生命。

當傑克倫敦坐享成功的果實卻忘了朋友時，我們也預見他的未來即將失去支持。這是見利忘義者的共同下場，因爲最後的結局都是他們一手造成的。

無論在什麼時代，都有因爲私心貪慾所造成的悲劇不斷上演，就像故事中的傑克倫敦一般。

然而無論警世的故事怎麼傳播，似乎都無法根治人們的私心和貪念，以致於悲劇一再地發生。

要怎麼樣才能讓人們捨棄貪念，與朋友共享福禍？

在傑克倫敦了結生命的那一剎那，有人聽見了他的懺悔：「是我忘了生命的初衷，忘了當初的創作目標。原來我想和人們分享這群生活辛苦卻快樂充實的朋友們的故事，更想和人們共同珍惜人生中的感動。但我卻被自私的貪念所佔據了，我忘了自己對生命的承諾，也辜負了支持我的熱情朋友們。」

傑克倫敦的故事告訴我們，人必須克服人性中的弱點。

放寬視野，不再囿限於眼前的小利，我們自然會發現，原來生命的價值不是只有眼前利，還有許多我們可以和朋友共享，真實擁抱的幸福。

多動腦找出更好的方法

先制定戰略，再活用戰術，只要我們能多花點巧思，多動動腦，人生的路並不難走。

人生最艱難的事，並非是「做人」，也不是「做事」，而是你是否具備做人做事的厚黑謀略，也就是不論你做任何對自己有利的事，都要讓別人認為你做得合情合理。

商戰的技巧很多，生活的巧思也俯拾可得。

凡事多動一動腦，讓視野再開闊一些，那麼無論事情怎麼艱難，也不管麻煩多大，我們最後都一定能帶著微笑，輕鬆解決。

松下幸之助在參觀荷蘭的菲利浦公司時，被該公司先進的技術所吸引，當下便決定與菲利浦合作。隨後，雙方研議要在日本建立一家股本六．八億日元的合資公司——松下電子公司。

然而，在菲利浦開出的合作草約中，菲利浦只出資百分之三十，松下電器卻得出資百分之七十，而且菲利浦的百分之三十還得扣除他們的技術指導費。總結下來，菲利浦公司實際上一分錢也不必花。

其他還有技術使用費與專利轉讓費用，合計約二億日元，是松下公司得另外支付的部份，這對資本額不到五億元美元的松下公司來說，無異是個沉重的負擔。

面對這項負擔，連精打細算的松下幸之助也有些遲疑。然而，當他對菲利浦公司做了深入的研究調查後，還是決定答應了這項要求。

因為松下幸之助發現，菲利浦公司擁有超過三千名的研究員。如果他們想要自己創造相同規模與水準的研究所，恐怕得花上幾十億日元和好幾年的時間。

如今，他只要花二億日元就能充分地運用菲利浦公司的資源，何樂而不為？所以松下先生毅然地與菲利浦公司簽訂了合作之約。

不過，松下幸之助畢竟不是省油的燈，在權衡現實情況之後，他先表現合作誠意，接著便開始積極地為自己爭取權利。

最後，他向菲利浦公司要求：「既然你們要拿技術指導費，那麼我方也要拿經營指導費，這樣才公平。」

這個理由看起來似乎有些牽強，但實際上還說得過去。畢竟眼前菲利浦想打進日本市場，確實得靠松下公司的經營經驗，最後雙方達成協議，讓雙方的「指導費」各自降為百分之二，松下先生也輕鬆地省下了技術指導費的支出。

在松下先生的獨到眼光與經營技巧下，他們不僅讓該公司成為日本主要品牌，更在很短的時間內搶佔了全球的市場。

「退一步然後再進二步」，正是松下幸之助的成功技巧。

因爲雙方是合作伙伴，所以他明白要維護彼此權益的最大公約數。他不急不徐地找出彼此的需求與合理的資源分配，後而輕鬆巧地爭取到自己的權利，如此高明的商戰技巧確實令人佩服。

這個故事的寓意在於：「只要我們能多花點巧思，多動動腦，人生的路並不難走。畢竟路是人走出來的！」

解決問題，當然要多動動腦，就像松下幸之助一般先制定戰略，再活用戰術，每件事都要通盤考量，並仔細權衡整體的利益得失。如此我們才能冷靜處事，也才能找到共創雙贏的絕佳辨法。

想贏得支持便得先展現誠意

能將心比心的人，才能結交出患難與共的情誼。如果我們表現出來的誠意不足，對方自然也會感受到虛情假意。

你覺得身邊知心的朋友很少嗎？

或是老覺得別人想在背後捅你一刀呢？

其實，原因並不難解。缺乏朋友的人，不也是因爲自己不願主動與人交流，所以總是形單影隻？而那些老是覺得別人想從背後捅他一刀的人，其實在他們的心中也都有著相同惡毒的念頭。

所以，若是你希望得到他人的關照，那麼你也得誠懇地先關懷別人。

滑鐵盧一役大勝後，威靈頓公爵帶領著英軍凱旋而歸。

由於威靈頓面對的是人人懼怕的拿破崙及強悍的法國士兵，因此，當他奉命帶領英軍跨海會戰時，人們一點也不看好他們。

如今，威靈頓公爵卻率領軍隊吹奏勝利的號角回來，當然聲名大噪，許多人都期待著親眼目睹公爵的風采。

為了慶祝勝利，也為了犒賞這群英勇的士兵們，王室立即舉辦了一個隆重的慶祝大會，當天居住在倫敦的王公貴族幾乎全都到場。

晚宴開始之後，敬酒聲此起彼落，王室準備的豐盛菜餚更是讓這群久未飽餐一頓的士兵們滿足酣暢。

最後一道菜撤下後，每個人的面前都端上了一碗清水，按照宮廷規矩，這是即將上甜點前，讓謹守繁複禮數的貴族們洗手用的。

就在這時候，有一名士兵卻端起了這碗水，猛地咕嚕一聲吞下肚子。

此舉頓時引來人們的嘲笑聲，這時士兵才知道自己的動作錯了，羞得滿臉通紅，一時間也不知道該如何是好。

沒想到威靈頓公爵一看，卻站了起來，笑笑地說：「各位女士、先生們，讓我們共同舉杯為這位英勇的戰士乾一杯吧！」

說完，他也端起了桌上的那碗清水一飲而盡，現場的嘲笑聲登時換成了熱烈的掌聲，所有人都被他的心意所感動。眾人有默契地舉起這杯「清水」，向所有士兵致敬，特別是善體人意的威靈頓公爵！

威靈頓公爵的動作看起來很簡單，但他爲了化解尷尬而放下身段的舉動，卻是無比的崇高且令人敬佩。

故事雖短，但情感滿溢，小小的軼聞記載了一個領導者的成功風範與典型。威靈頓公爵體貼地化解士兵們的尷尬，我們也可以想見，他在戰場也必定是個能與士兵們共患難的好將領。

能體察下意的領導者，才會有願意爲他賣命的忠臣。一個能體貼人心的主管，身邊一定會有全力付出的下屬，這其中並沒有什麼領導的學問，只是簡單的道理：

「能將心比心的人，才能結交出患難與共的情誼。」

「人同此心，心同此理」，萬物交流的自然法則從未改變。人是最依賴情感的動物，如果我們表現出來的誠意不足，對方自然也會感受到虛情假意。換句話說，期望人際關係穩固，便得時時檢視自己的情感是否眞切。

PART 2.

太過聰明，只會陷入困境

要比別人聰明並不難，但就難在，
聰明的人往往不明白什麼時候應該遮掩光芒，
結果反倒無端為自己招來災厄。

成功靠實力，無法一蹴可幾

成功是無法一蹴可幾的，唯有靠著用時間醞釀出的資歷與實力，才能爬上成功的頂峰，這種成功也才是踏實而長久的。

論語說：「無欲速，無見小利；欲速則不達，見小利則大事不成。」

在這個強調速度的現代社會裡，我們經常看到教人如何在短時間內獲利的廣告。乍看之下，這種廣告的確是很誘人，沒有人不想用最快的速度獲得成功。然而，成功果眞能夠一蹴可幾嗎？

話說武則天有一次賞賜太平公主兩盒金銀珠寶，價值黃金幾萬兩。太平公主將它收藏起來，一年以後再去取時，卻發現全部被盜賊偷走了。

太平公主報告了武則天，武則天十分生氣，找來洛州的長史，對他說：「三天之內若抓不住盜賊，就將你治罪。」

碰巧，衙役在街上遇到了湖州別駕蘇無名，對於擒賊破案很有一套，洛州長史便將他引薦給武則天。見到蘇無名後，武則天問：「你抓到盜賊了嗎？」

蘇無名回答：「如果要委派我去抓賊，必須取消三日的限期，還要把兩個縣的捕快都歸我指揮。如此，我能為陛下抓到盜賊，最多不會超過幾十天的時間。」

武則天同意了。

回到州府後，蘇無名告訴衙役與捕快們放鬆追查。一個月後，到了寒食節這一天，蘇無名把所有衙役和捕快全都召集起來，命令他們說：「你們十五個人一組，到東門和北門等候。如果看見有十多個全都穿著喪服，一同出城往北邙山方向去的，就隨後跟蹤觀察，並派人告訴我。」

這些人去城門邊守候時，果然發現了一夥全穿著喪服的人，立刻派人報告蘇無名。蘇無名趕去以後，問負責跟蹤的人：「這些人做了些什麼？」

跟蹤的人說：「這些人到了一座新墳之前，擺設供品進行祭奠。哭泣的聲音並

不顯得很悲傷，撤了祭物以後，他們還圍繞墳墓觀看，互相笑著交換眼色。」

蘇無名高興地說：「可以動手了。」隨即命令捕快將這夥人全部逮捕，然後挖開那座墳墓，打看棺材一看，裡面裝的全是太平公主遺失的金銀珠寶。

蘇無名將此事報告武則天之後，武則天大喜，好奇地問蘇無名：「你是憑什麼抓住這夥盜賊的？」

蘇無名回答說：「我並不是有什麼特別的計謀，只是會識別盜賊而已。我剛到京城那天，正遇上這夥人抬著棺材假裝出葬，憑我多年來的經驗，我認定他們是盜賊，但不知道他們要把東西埋在什麼地方。今年寒食節掃墓，我估計他們必會出城，所以跟蹤他們就能找到埋東西的地方。這夥人祭奠時，哭聲並不悲慟，說明墓中埋的不是人；祭奠結束後，他們還圍繞著墳墓觀看微笑，是因為高興墳墓沒有人動過。如果當初陛下您催促州府和縣衙破案，這些盜賊著急害怕，必然會取出珍寶逃走，但我們不再追查，他們必然放鬆警惕，所以沒有逃走。」

武則天聽完蘇無名說的話後，喜道：「先生真是高明！」以金子和布匹獎勵他，增加他兩級的俸祿。

從這則故事，不難看出蘇無名不但是個深謀遠慮的人，在個性上，他也是不急功、不搶功的人。倘若他在接受皇帝委託之後，便急著把盜賊捉到來邀功，可能就無法將強盜們一舉拿下，找到公主遺失的金銀珠寶。

不但如此，他成功的秘密，更在於他有著堅實的工作歷練，以及過人的膽識，不但勇於接受皇族失竊案的委託，而且勇敢地將自己的建議上呈給皇上。最後，當然是他謀定而後動的策略，幫助他腳踏實地、安安穩穩地破了這個竊盜案。

回過頭來想想自己，渴望成功的我們，可以細數看看，自己具有上述的條件了嗎?成功是無法一蹴可幾的，唯有靠著用時間醞釀出的資歷與實力，才能爬上成功的頂峰，這種成功也才是踏實而長久的。是寧可去相信垃圾郵件裡那些「一本萬利」的廣告，還是願意沉住氣，放長線、釣大魚，就端看各人的選擇與決心了。

太過聰明，只會陷入困境

要比別人聰明並不難，但就難在，聰明的人往往不明白什麼時候應該遮掩光芒，結果反倒無端為自己招來災厄。

法國哲學家羅爾法古曾經說：「你想得到仇人，那就表現出比其他人優越的樣子；你想得到朋友，就讓你的朋友表現得比你優越吧！」

所謂「樹大招風」，在這個世界上，只要你比別人優越，就難免招來嫉妒與怨恨的情緒。因此，不要對自己的聰明沾沾自喜、刻意宣揚，萬一一個不小心，可能就會因此跌了一大跤。

楊修，字祖德，出身於世家，為人絕頂聰明，可謂「筆下龍蛇走，胸中錦繡成；

開談驚四座，捷對冠群英」。

漢獻帝建安年間，楊修擔任丞相曹操的主簿，頗得曹操賞識，但由於他恃才傲物，屢犯曹操忌諱，曹操因而對他心生不滿。

當時，曹操曾建造一座花園。花園落成時，曹操前去觀看。他不說好也不說壞，只取筆在門上寫了一個「活」字就走開了。

屬下們疑惑不解，不知其義，只有楊修理解，解釋說：「『門』內添『活』字，乃『闊』字也。丞相嫌園門闊耳！」於是屬下趕緊拆門重建，將花園改造完後，又請曹操去看。

曹操一見大喜，便問：「誰知吾意？」侍從回答：「楊修也！」曹操表面上稱好，但心底卻有些不快。

又有一天，塞北來的使者送一盒酥餅給曹操。曹操題了「一盒酥」三個字在盒上，然後置之案頭。楊修看到後，便自作主張地將餅分給大家吃了。

曹操問其原因，他答說：「盒上不是寫著『一人一口酥』嗎，我豈有違背丞相

的命令呢？」

曹操聽後哈哈大笑，心中卻更加忌憚楊修。

曹操生性多疑，深怕別人暗中謀害自己，常對左右說：「我夢中好殺人，凡我睡著的時候，你們切勿靠近！」

有一天，曹操在帳中睡覺時，故意將棉被丟到地上，一旁的侍衛慌忙上前拾取，結果曹操馬上跳起來拔劍殺了他，之後又上床呼呼大睡。

睡了半天起來後，他假裝大驚說：「何人殺我近侍？」

左右據實以告，曹操聽後痛哭不已，命令厚葬侍衛。

大家知道此事後，都以為曹操果真是在夢中殺人，唯獨楊修了解曹操的意圖，指著近侍的屍體嘆道：「丞相非在夢中，君乃在夢中耳！」

曹操得知計謀被揭穿後，更加厭惡楊修了。

一天，曹操想試一試曹丕、曹植兩人的才幹，一邊命令他們走出城門，一邊又

派人吩咐門吏不准放他們出城。曹丕先來到城門口，門吏擋住他，他就老老實實地退回。曹植聽到這個消息後，便請教楊修自己該如何應對，楊修說：「你是奉王命出城，如果有人阻擋，可以立即把他殺掉！」

曹植來到城門口時，門吏同樣擋住了他，於是曹植喝道：「我奉王命，誰敢阻擋！」立刻把門吏斬了，大步走出城。

曹操認為曹植要比曹丕能幹，但是，後來有人將實情告訴曹操後，曹操大怒，也不喜歡曹植了。

後來，曹操一次帶兵被困於斜谷界口，進退兩難，心中猶豫不決。正在沉思之時，夏侯惇入帳請問夜間的暗號。

曹操正好看到廚師送上來的晚飯中有雞肋，隨口答道：「雞肋！雞肋！」行軍主簿楊修見口號是「雞肋」二字，便叫隨行軍士收拾行裝，準備返家。有人將此事報知夏侯惇，夏侯惇遂請楊修至帳中，問他：「您為什麼收拾行裝呢？」

楊修回答：「以今晚的號令，就可知道丞相不久將退兵回去。雞肋要吃沒肉，

扔掉又有些可惜。現在進攻不能取勝，收兵又怕人笑話，但在這裡耗下去也沒什麼用，還不如早點回去。因此，明天丞相肯定會退兵，所以我先收拾行裝，免得臨行時慌亂。」

夏侯惇一聽，也開始收拾行裝。

消息傳開後，諸將無不準備踏上歸途。

曹操得知後，傳喚楊修問話，楊修以雞肋之意對答。結果曹操大怒說：「你膽敢製造謠言，亂我軍心！」喝令屬下將其推出帳外，斬首示眾。

聰明絕頂的楊修竟落得如此悲慘的下場，或許正因為他「太聰明」了！

曹操手下雖然有許多謀士，他也有「愛才」的美名，但他並非是個具有崇高道德的人，他的思考是以功利、利己、圖謀天下為出發點，誰對他造成威脅，誰就是他的敵人，就算這人是手下的謀士也一樣！

楊修的「絕頂聰明」，或許並不算是眞正的聰明，老子所謂「大智若愚」的道理，楊修恐怕並沒有領悟。

什麼時候該顯露才能？要顯露給誰看？要經過相當的拿捏。

英國文學家查理．德菲爾曾說：「要比別人聰明，但不要告訴人家你比他更聰明。」

這句話實在值得楊修與所有聰明人好好思考。

要比別人聰明並不難，但就難在，聰明的人往往不明白什麼時候應該遮掩自己的光芒，結果反倒無端爲自己招來災厄。

眼睛不會騙人，判斷力卻會

我們在判斷任何事時，都要先經過一番審慎的思考，才不至於被別人裝出來的樣子給騙了。

德國著名文學家歌德，曾在他的作品中寫下這樣的句子：「感官並不會欺騙人，欺騙人的是判斷力。」

我們常常說「被自己的眼睛給騙了」，不過，歌德告訴我們，上當的並不是我們的眼睛，而是我們自己啊！

魏國大將司馬懿出身士族，先後在曹操和魏文帝曹丕手下擔任過重要職位。到了魏明帝即位時，司馬懿已經是魏國的元老。

魏明帝死後，太子曹芳即位，就是魏少帝。魏少帝任命曹爽為大將軍，司馬懿為太尉，兩人各領兵三千，輪流在皇宮值班。

曹爽雖然說是皇族，但論能力、資歷都跟司馬懿相差甚遠，開始的時候，還會尊重司馬懿，有事也會詢問司馬懿的意見。

後來，曹爽有個心腹提醒他說：「大權不能分給外人啊！」他們替曹爽出了個主意，要用魏少帝的名義升司馬懿為太傅，實際上是要奪去他的兵權。接著，曹爽又把自己的心腹、兄弟都安排在重要的職位。

對於這些手段，司馬懿全看在眼裡，卻裝聾作啞，一點也不干涉。

之後，大權在握的曹爽只知尋歡作樂，過起荒唐的生活。他為了樹立威信，還親自帶兵攻打蜀漢，結果被蜀軍打得大敗，差點全軍覆沒。

司馬懿表面不說，暗中自有打算，就推說自己有病在身，再也不上朝。

司馬懿生病之事，正合曹爽的心意，但他畢竟還有點不放心，想打聽一下司馬懿是真病還是假病。

有一次，曹爽的親信李勝被魏少帝任命為荊州刺史。李勝赴任前，要到司馬懿

家去告別，曹爽便要他順便探探情況。

李勝來到司馬懿的臥室，只見他躺在床上，旁邊兩個丫鬟正在伺候他吃粥。司馬懿似乎無力用手接碗，只能把嘴湊到碗邊喝，可是他沒喝上幾口，粥就沿著嘴角流了下來。李勝在一旁看了，覺得司馬懿實在病得可憐。

過了一會，李勝對司馬懿說：「這次蒙皇上恩典，派我擔任荊州刺史，因而特地來向太傅告辭。」

司馬懿喘著氣說：「哦，這真委屈您啦。并州在北方，那裡接近胡人，您要好好防備啊！我病成這樣，只怕以後見不到您啦！」

李勝說：「太傅聽錯了，我是要去荊州，不是并州。」

司馬懿還是聽不清楚，李勝只好又大聲說了一遍，司馬懿才總算有點搞清楚了，說道：「我年紀老了，耳朵不好，聽不清您的話。您做荊州刺史，這太好啦！」

李勝告辭後，對曹爽笑說：「太傅只剩一口氣，您就用不著擔心了。」

曹爽聽了，心中大喜。

公元二四九年新年，魏少帝到城外去祭掃祖先的陵墓，曹爽和他的兄弟、親信

大臣全跟去了。由於司馬懿病得厲害，當然沒有人請他去。

誰知，等曹爽一幫人一出皇城，司馬懿的病就全好了。他披起盔甲，抖擻精神地帶著兩個兒子，率領兵馬佔領了城門和兵庫，並且假傳皇太后的旨意，撤去了曹爽的大將軍職務。

曹爽和他的兄弟在城外得知消息，急得亂成一團。

有人獻計，要他挾持少帝退到許都，再召集人馬對抗司馬懿。但是，曹爽和他的兄弟都是只知道吃喝玩樂的人，哪裡有這種膽量？

之後，司馬懿派人去勸他投降，說他只要交出兵權，自己絕不為難他們，所以曹爽就乖乖投降了。

過沒幾天，司馬懿以謀反罪將曹爽一夥人處死。這樣一來，魏國的政權在名義上雖然還是曹氏的，但是，實際上已經轉到司馬氏手裡了。

司馬懿這招「扮豬吃老虎」，本來並非什麼了不起的計謀，他敢用這一招，或許是看清了曹爽是個庸才，親信李勝也並非是個十分精明的人物，既然如此，他就

故意示弱、裝聾作啞，顯出老態龍鍾的樣子，結果眞的騙過了曹爽一夥人，最後成功奪得魏國的大權。

能說李勝跟曹爽是被自己的眼睛所騙了嗎？

相信大家都明白，曹爽等人欠缺的不是一副眼鏡，而是洞悉人心的判斷力；他們不是眼睛有問題，而是腦袋不夠精明，才會輕易被司馬懿矇騙。

不管對方究竟是「扮豬吃老虎」還是「打腫臉充胖子」，看人時，千萬不能把感官所看到、聽到的事，就不加思索地就全盤接受。

社會上的詭計到處都是，利用人心弱點所設下的陷阱和騙術，更是五花八門，要是純眞過頭，只會讓你淪爲任人坑殺的豬頭。

若要不重蹈曹爽等人的覆轍，我們在判斷任何事的時候，都要先經過一番審慎的思考再下判斷，才不至於被別人裝出來的樣子給騙了，如果對方演什麼戲自己就信什麼，那就比看戲的傻子還要傻了！

多動腦，思考才靈巧

人類的頭腦跟身體的其他部分一樣，會越用越強壯、越用越敏捷，我們應該盡量想辦法讓自己的頭腦多動一動。

德國著名戲劇家與詩人布萊希特曾說：「思考，是人類最大的樂趣。」思考的確是人類最大的樂趣，也是人這種生物與其他動物最大的不同處。可是，世上有很多人就是懶得去思考，寧願坐在那裡讓腦袋空轉，也不願多用用腦，自己想辦法去解決問題。

這樣子的人，到最後會變成什麼樣子呢？

李惠是北魏思皇后的父親，先後擔任散騎常侍、侍中、征西大將軍、秦益二州

刺史、雍州刺史、征南大將軍等職務。

李惠勤於觀察，長於推理。他在雍州出任刺史時，雍州府大堂上有一個燕巢。一天，兩隻燕子為了爭巢，你啄我咬，唧唧喳喳地鬧了大半天，官吏們見到這熱鬧的景象，都覺得十分有趣，但就是不知到底哪隻燕子是入侵者，哪隻是保衛者。為了這個問題，大家爭來爭去，誰也說服不了誰。

李惠看到大家爭執不休，便說：「我有個辦法，能分辨出哪隻燕子是主人，哪隻燕子是外來者。」

李惠便叫身邊的侍衛取來彈弓，裝上細小的彈丸，然後將彈丸分別射向那兩隻燕子。侍衛射得準，兩隻燕子先後中彈。中彈後，其中一隻燕子拍著翅膀離去了，可是另外一隻還是不肯離開。

此時，李惠便說：「你們看，那隻留下的燕子便是主人，牠不顧疼痛，是因為這巢是牠的；另外一隻則是入侵者，牠一受到攻擊便毫無顧慮地離去了，因為這巢原本就不是牠的。」

屬下們聽後，紛紛點頭稱是。

又有一天中午，一個鹽商和一個樵夫來到雍州府，兩人都口口聲聲地說要李大人為他們做主。

李惠便問：「你們兩人有什麼紛爭？」

鹽商連忙說：「大人，是這樣的。小人是外地的鹽商，這次到雍州來做生意，在集市上買了一塊羊皮帶回家。走在半路上，小人覺得累了，便坐在路邊休息。這時，這個砍柴的經過我身邊，他放下柴擔，也坐在我身邊，我們兩個於是就聊了起來。聊著聊著，我發現他直接坐在地上，因而便將買來的羊皮遞給他，讓他坐在上面。誰知等我要離去，要他將羊皮還給我時，他竟翻臉不認人了，還一口咬定這羊皮是他的。大人，您說這有道理嗎？」

鹽商才剛說完，跪在一旁的樵夫就大呼冤枉。李惠見狀，接著問樵夫：「你有什麼話要辯解嗎？」

樵夫委屈地說：「大人，完全不是這麼一回事。這羊皮分明是我的，我墊著羊皮坐在路邊休息，這時這個販鹽的人也坐在我旁邊休息，我們兩人就聊了起來。後

來我要走時，他竟然說這羊皮是他的，要我還給他，我自己的東西怎麼會隨便給他呢？他便說要來官府告我。反正我未做虧心事，不怕鬼敲門，所以就和他一起來了。請大人不要聽信他的胡言亂語，為小人做主。」

這兩人公說公有理、婆說婆有理，站在官府中的官吏和公差也都傻了眼，不知道該聽誰的。

李惠聽完後，胸有成竹地對屬下說：「這有什麼難解？只要拷打這張羊皮就能知道它的主人了。」

於是，李惠命人把羊皮放在席上，然後用棍棒敲打它，只見有些鹽屑落下，李惠就宣布：「查明實情了。」

他指著樵夫說：「這羊皮的主人分明不是你，如果羊皮是你的，一個砍柴的人，身上哪來這麼多鹽屑呢？」

鐵證如山，樵夫頓時如一顆洩了氣的皮球，癱軟在地上。

李惠揭開事實真相的手法，看起來並不算十分特別，很像我們讀一本推理小說

的時候，最後可能也會發現：「啊！原來是這樣子！我之前怎麼就沒有想到呢？」

人在一生中難免會遇到一些難關、一些難題，有些時候，解題的關鍵其實很明顯，解決的辦法也不難，可是當我們習慣了「不加思索」之後，面對再簡單的題目，可能都無法找出癥結所在。

人類的頭腦也跟身體的其他部分一樣，會越用越強壯、越用越敏捷。很多人知道，爲了健康必須努力鍛鍊身體，但卻很少人去練練腦袋，不使它老化、退化，這麼說起來，倒是相當弔詭的一件事。

我們應該盡量想辦法讓自己的頭腦多轉一轉、多動一動，就好像在做「頭腦體操」一樣，讓自己的腦袋越動越靈敏。

換個方式說出自己的意思

實話不用盡說出口，但說出口的必定是心裡的實話，只要拿捏好心中想法與話語間的差距，就能有個圓滿的人際關係。

法國思想家蒙田曾經說：「你想到的東西，不必都說出來，不然就是愚蠢的。但是，你所說的一切，都應當符合你的思想，否則就是欺騙。」

當今世上，在異常複雜的人際關係與利害關係當中，為了求生存，為了討生活，要想不說些違心之論，實在是一件很困難的事。不過，就像蒙田說的，我們固然不必將自己所想的每件事都說出來，但還是應該對自己所說的話負責任。

王僧虔是南朝宋齊間著名的書法家，也是晉朝大書法家王獻之的後代。他學識

淵博、智慧過人，通文史、善音律，尤其擅長楷、行、草等書體，以書法聞名於世。

王僧虔年少時，喜歡在各種扇面上題寫詩詞，字體不拘一格、瀟灑飄逸，常常讓旁人驚嘆。有一次，宋文帝在宮廷裡看到一把紙扇，扇子很普通，但是扇面上用隸書所寫的詩卻文辭優美、字跡娟秀。宋文帝看後大為讚賞，對這把紙扇愛不釋手，於是便問左右侍臣，這把扇子上的詩歌是誰題的。

侍臣回答說：「是王僧虔題的。」

宋文帝便吩咐左右將他召來，讓他做太子的老師，之後又拜為吏部尚書。

到了齊高帝時期，雍州破獲了一樁盜掘古墓的案子，收繳了大批珍寶文物，其中還有竹簡、錦帛和皮革，上面寫了許多文字，沒有人認識，人們便拿去請教王僧虔。王僧虔看後便說，這是蝌蚪文，記載的是周朝典籍中缺遺的材料。齊高帝蕭道成十分賞識他，任命王僧虔為侍中。

蕭道成也擅長書法，經常舞文弄墨。有一天，他突然心血來潮，決定要跟王僧虔一較高下。第二天當著滿朝文武，蕭道成宣布，自己要和王僧虔進行一場書法比賽。話音剛落，太監們便捧來筆墨紙張。蕭道成也不顧皇帝的威儀，就從皇座上直

走下來，拿起毛筆就在紙上一陣狂書。

王僧虔並不因為對手是皇帝就故意謙讓，他寫字向來都是嚴肅認真、一絲不苟的，這次也一樣。他很快就寫出了一幅渾厚純樸的正楷大字與一幅龍飛鳳舞的草書。

字寫完後，蕭道成問王僧虔：「你看我們誰是第一名？」

王僧虔仔細看了齊高帝的字，回答說：「臣第一，陛下也是第一。」

蕭道成聽完笑說：「世上哪有兩個第一的道理？我倒想聽聽你的解釋。」

王僧虔從容回答：「世間上本來就沒有天子屈尊與臣子比賽的啊！臣說陛下第一，是針對其他帝王而言的；說小臣第一，是針對歷朝大臣而言的。」

蕭道成一聽哈哈大笑，說：「你真會說話！」

若處在王僧虔位置上的人是我們，我們會不會有像他那樣的智慧與直言的勇氣呢？皇帝每天聽到的阿諛與諂媚話不知有多少，但這並不表示所有皇帝都不明白自己的斤兩。王僧虔若說自己比皇帝好，顯然會爲自己招來一些麻煩；若說皇帝比自己強，又是睜眼說瞎話，無端折損了自己的名聲。

在進退兩難的情況中，王僧虔應答得不卑不亢，同時捧了自己與皇帝，又沒有扭曲事實去討好對方。與皇帝比試時，他也用盡全力，並不因爲對方是皇帝就故意放水，從這裡也可以看出他身爲一個書法家的堅持，實在令人敬重。

如果我們常常覺得要活得坦蕩是件很辛苦的事，王僧虔的處世風格，或許是一個很不錯的示範。

面對錯綜複雜的人際關係，要如何應對進退確實是件傷腦筋的事，若是心中想到什麼就說什麼，這種直來直往的說話方式，恐怕會傷到人；但若總說違心之論，也對不起自己的良心。

我們應該學學王僧虔，心中的實話不用盡說出口，但說出口的必定是心裡的實話，只要拿捏好心中想法與話語間的差距，就能有個圓滿的人際關係。

有聽實話的胸襟才能前進

不論身處何種位置，只要有「聽實話」的開闊胸襟與雅量，就能得到他人的愛戴與寶貴的建言，自然也就離成功不遠了。

日本作家武者小路實篤曾經說：「可信者的一句話，比不可信者的千言萬語更為有力。」

確實，一個人言語的分量，有重於泰山、有輕於鴻毛，不但與他所在的職位與身分有關，更與他平時如何對待自己所說出口的話有關。

〈狼來了〉的故事相信大家都耳熟能詳，「人必先自重而後人重之」的道理大家也都曉得，但有一點，卻未必人人都明白。那就是，說實話難，聽實話更難。

魏徵是唐代偉大的政治家、思想家和傑出的歷史學家。輔佐唐太宗十七年，以「敢言直諫」聞名。

貞觀十一年正月，唐太宗下令營建洛陽飛山宮。魏徵上書說：「隋煬帝依仗著國力富強，不考慮後患，窮奢極欲，使百姓貧困不堪，以至於自亡。我大唐能夠取得天下的原因，是因撤去了隋煬帝高大奢華的殿堂宮宇，安居在比較低矮簡陋的宮室裡。如果在原來的基礎上又增修擴建，承襲舊殿大加裝飾，給人民帶來負擔，這分明是以亂伐亂，必將招致禍亂。得到江山相當艱難，失掉江山卻很容易，請陛下一定要慎重考慮修建宮殿之事。」

唐太宗聽後相當贊同，立即宣布停工。

貞觀十年十一月，由於太宗非常思念逝世的長孫皇后，就在禁苑中建了一座樓台，用以瞭望昭陵。一次他帶著魏徵一同登上樓台，讓魏徵觀望。魏徵仔細看了許久說道：「我老眼昏花，看不清楚。」

太宗指給他看後，魏徵又說：「我以為陛下在瞭望獻陵（唐高祖李淵之墓），如果是昭陵，我早就看見了。」

唐太宗因此拆毀了望樓。

有一次，唐太宗得到一隻鷂鷹，非常喜歡，上朝的時候，將牠置於臂膀上戲耍，但是遠遠望見魏徵走來，怕魏徵會指責自己行為不當，連忙將鷂鷹藏在懷裡。魏徵假裝沒看到，與唐太宗談論朝政大事談了很久，結果鷂鷹最後竟悶死在太宗懷裡。一位封建帝王竟受一位臣下如此約束，這在中國歷史上實在少見。

貞觀十七年正月，魏徵病重時，唐太宗親自到他的住處探望。當魏徵去世後，唐太宗要九品以上的文武官員都去弔喪，但魏徵的妻子說：「魏徵平時生活儉樸，如今卻用一品官的禮儀安葬，這並不是死者的願望。」因而對所有的厚儀全都推辭不受，僅用布罩在車上載著棺材安葬，這使禁苑西樓上的唐太宗淚流不止。

後來，唐太宗感慨地對大臣們說：「以史為鏡，可以知興衰；以銅為鏡，可以正衣冠；以人為鏡，可以知得失。魏徵走了，我這面『知得失』的鏡子也就沒有了，怎麼能不悲傷呢？」

魏徵的言行與操守確實令人敬佩，但像他這樣直言敢諫的大臣，還不算前無古

人後無來者，真正難得的是像唐太宗這種願意聽人直諫的君王，在中國數千年的歷史中，又曾經出現過幾位呢？

掌握權力的人常常是傲慢的，不論他們的權力來自自己的努力或是世襲，一旦大權在握之後，還能保持謙卑之心，虛心接受他人指教的人，可說是少之又少。

不只過去封建時代的帝王是這樣，連現代的領導者、企業家，只要得到了小小的成功之後，誰不是馬上就端起架子，一副「我最厲害，你們都要乖乖聽我指揮」的姿態？我們又怎能盼望這樣子的人，能夠聽得下他人的勸告呢？

魏徵是幸運的，因爲他的上司即使已經成爲全天下最有權勢的人，仍然願意謙恭地傾聽他的意見。

相信可信者所說的話，能夠爲自己帶來最大的幫助，這就是唐太宗身爲全國最高管理者能夠成功的秘訣。

不論身處何種位置，只要有「聽實話」的開闊胸襟與雅量，就能得到他人的愛戴與寶貴的建言，使自己更加進步，自然也就離成功不遠。

貪婪，是人最致命的弱點

不義之人的貪心、自私、不擇手段，雖然可能是他欺負良善、玩弄他人的利器，但同樣的，也會是他「致命」的關鍵。

《伊索寓言》中有這樣一句話：「對許多人來說，貪婪就是禍事的原因。」貪婪是人類生來就有的天性，有了一就還想要二，有了二還想要三，欲望永遠無休無止。中國有句話叫「無欲則剛」，那麼有欲呢？有欲當然不剛、有弱點，有弱點則會被人利用。

這樣的「人性弱點」，在知足的人身上很微小，但在輕義重利的人身上，就常常成爲他們「致命」的弱點。

牧童區寄是唐朝中葉郴州地區的一個孩子，小小年紀的他勤勞勇敢，經常獨自到野外牧牛砍柴。一天，他正一邊放牛一邊砍柴，有兩個蠻橫慓悍的強盜綁架了他。強盜用繩索把他綑起來，然後用布蒙住他的雙眼，扛著他走了四十多里路，想要把他帶去市集上賣掉。

一路上，區寄哭哭啼啼、渾身發抖，顯得十分膽小，強盜因此並不把他放在心上。在離市集還有幾里路的地方，強盜便停了下來，兩人打開隨身攜帶的酒葫蘆，相對喝酒，還喝得酩酊大醉。之後，其中一個強盜便離開了，前去市集談買賣孩子的生意，另一個則不管三七二十一，把刀往路上一插，就躺在地上呼呼大睡。

此時，坐在一旁的區寄停止了哭泣，看著強盜漸漸睡著了，便把綑綁自己的繩子靠在刀刃上，用力地上下磨動，繩子很快就斷了。

區寄揉了揉被綁得發麻的手，然後拔出刀，咬緊牙關往強盜身上用力刺去，強盜連哼都沒來得及哼一聲，就一命嗚呼了。

區寄逃出去沒多遠，那個去市集談買賣的強盜就回來了，很快地趕上區寄，並打算要殺掉他，為另一個強盜報仇。

區寄見狀急忙說：「做兩個主人的奴僕，哪裡比得上做一個主人的奴僕？主人您若能保全我的性命並好好待我，我一定會竭盡心力好好侍奉您。」

強盜聽了，盤算一下，心想：「與其殺死這個小孩，還不如把他賣掉賺點錢，而且將他賣掉後兩個人分錢，又哪裡比得上我一個人獨吞呢？」

於是，強盜將區寄綑綁得結結實實後，隨即便埋葬了另一個強盜的屍體，接著帶區寄往市集走去。

天很快就黑了，強盜隨便找了家旅館，兩人住在一間房裡。強盜醉意未消，很快便睡著了。區寄見狀，趕緊轉過身來，把綑綁的繩子就著爐火燒斷了。將繩子燒斷後，他拿起刀子殺死了強盜，接著大聲呼喊，把整個旅館的人都驚醒了。

區寄對眾人解釋說：「我是姓區人家的孩子，並非是奴僕。有兩個強盜綁架了我，幸好我把他們都殺了，希望有人向官府稟告此事。」

當地的差吏把這件事報告了州官，州官又報告給府官。府官召見區寄，看見站在眼前的不過是個年幼天真的孩子，卻能使兩個強盜先後命喪黃泉，便想留他下來做小吏，只是區寄不願意，於是府官就送一些衣裳給他，再派官吏護送他回鄉了。

造成第二個強盜喪命的關鍵，就在區寄說的那句話：「做兩個主人的奴僕，哪裡比得上做一個主人的奴僕？」

被他這麼一說，強盜果然想：「與其賣掉他後兩個人分錢，哪裡比得上我一個人獨吞呢？」

利慾薰心的強盜不去追究區寄殺死同伴的事情，也不因此更加小心處置他，最後又被區寄找到可趁之機而殺死，這可以說是他自做自受啊！

我們不要立志當壞人、做壞事，但是當壞人欺負到我們頭上時，也不能乖乖地當待宰的羔羊。對於不義之人，一定可以找出他的弱點加以利用。他的貪心、他的自私、他的不擇手段等等，雖然可能是他欺負良善、玩弄他人的利器，但同樣的，也會是他「致命」的關鍵。

知道變通才能處處亨通

知道變通，才能將不利的情況轉為有利，才能將人生劇本裡那些突發的事件，轉化成足以讓自己逆轉情勢的契機。

赫伯特曾經說過：「在毫無先例的情況下，卻能正確行動的才能，是極難能可貴的。」

如果人生就像一本完全翻開的書，一切照著書上的情節進行，沒有例外、沒有意外，這也不能稱爲是眞實的人生。

在人的一生當中，總是充滿了許多意料之外的驚奇，總會發生許多不照劇本走的故事，這些「預料之外」、「超乎預期」的事情，有大有小，發生得又快又突然，有的時候甚至會影響我們的命運。

司馬光是北宋著名政治家和偉大史學家，也是中國第一部編年體通史《資治通鑑》的編輯者。

司馬光自幼聰敏好學，他的聰穎與機智，可從他對生活中緊急情況的應對得知。

在他六、七歲的時候，有一天，和一群小朋友們在後院裡玩耍。那時，院子裡有一口大水缸，約有一個小孩那麼高，裡面盛滿了整整一缸水。在院子理玩耍的小孩之中，有個小孩對那口大水缸十分好奇，便爬到水缸邊，正當他看得起勁時，竟一不小心，身體越過了缸沿，只聽「撲通」一聲，就掉進水缸裡去了。

「救命啊！救命！」這個小孩一邊大喊，一邊在水缸裡使勁掙扎，聞聲跑過來的孩子們，看到這場面全都嚇呆了，人人手足無措，不知該怎麼辦。

司馬光見狀並沒有慌亂，抱起一塊石頭用力往水缸上砸去，只聽見「匡啷」一聲，水缸被砸破了，缸裡的水嘩啦啦地往外流，所幸缸內的小孩沒被淹死。

過了一段時間，聞訊趕來的大人趕緊將小孩從水缸中拉出來，小孩終於得救了。

司馬光砸缸救友的事情很快就傳開了，大家都被他的勇敢與機智所折服，京都

和洛陽地區還有人把這件事畫成圖畫，題名為〈小兒擊甕圖〉，在各地廣泛流傳。

司馬光想必未曾在古代經典當中讀到「如何拯救掉到大水缸裡的小孩」，那麼，以他小小年紀，又是怎麼「靈機一動」，想出這個砸缸救人的辦法？

就像赫伯特所說的，在沒有先例的情況下所展現出來的才能，才是眞正難能可貴的。

許多人都只知道照著書上教的、人家說的方式來解決問題，卻缺乏獨立思考、隨機應變的能力。唯有當思考的方式超出了原先被規範的框架時，才眞正具有「創造」的力量。知道變通，才能將不利的情況轉爲有利，才能將人生劇本裡那些突發的事件，轉化成足以讓自己逆轉情勢的契機。

若知變通，在沒有路的地方，可以想辦法開出一條路；別人都說「不可能」的事情，可以想出辦法解決。唯有明瞭「山不轉路轉」，走別人沒走過的路、做別人辦不到的事，才能處處亨通，比別人更接近成功！

寬容有度，讓人心服口服

「饒人一條路，傷人一堵牆」，想成就一番大事業，沒有寬容大度的胸懷是不可能成功的。

商場上講究「禮尚往來」。親朋好友之間，必須經常往來，才會越來越親密，朋友才會越來越熟稔。

朋友之間的這種交往會逐漸延展出一種信任。當然，這要靠朋友之間識大體，懂事理，才能講出一番信用。

清朝紅頂商人胡雪岩就是一個很好的例子，他寬容有度的胸襟，爲他在商場中的發展奠定了深厚的基礎。

有一段時間，胡雪岩與龐二合夥從事絲業收購，兩人齊心協力，逼壓外商進口，抬高國內絲價，為了這件事，胡雪岩費了許多心血，誰知到了即將交貨時出了個亂子，那就是朱福年在暗地裡搞鬼。

在龐二手下做事的朱福年，外號「豬八戒」，他自己野心勃勃，想藉著龐二的實力，在上海絲場成為江浙絲幫的首腦，因而對胡雪岩表面上「看東家的面子」不能不敷衍，暗地裡卻處心積慮想打倒胡雪岩。

但是，他不敢明目張膽地跟胡雪岩對抗，一切都只是暗中進行。所幸，有人將這件事告訴了當時人在蘇州的胡雪岩，聽完了原委，胡雪岩漸漸有了辦法，要治服朱福年。

其實，他只須請出龐二，幾個人合夥演一齣戲，慢慢揭穿他的把戲，朱福年就混不下去了。如果要再狠一點，甚至能讓他在上海找不到飯碗。

但在對待吃裡扒外的朱福年時，胡雪岩還是謹守著「饒人一條路，傷人一堵牆」的道理，因此，胡雪岩在這件事的處理上極為漂亮。

朱福年做事不光明，不僅在胡雪岩與龐二合作的事業上作梗，還拿了老闆的銀

子在私底下做生意，他的老闆龐二當然不能容忍。

照龐二的想法，他一定要徹底查清朱福年的問題，狠狠整治他，然後讓他滾蛋，但胡雪岩覺得不妥。

胡雪岩說：「一發現這個人不對勁，就徹底清查之後請他離開，這是一般人的做法。最好是不下手則已，一下手就讓他心服口服。諸葛亮『火燒藤甲兵』不足為奇，要燒得讓對手服服貼貼，死心塌地替你出力，才算真本事。」

胡雪岩的做法是，先透過關係取得朱福年的私人帳戶，調查他的資金流通關係，在帳目上看出朱福年的漏洞。然而也只是點到為止，不再深究，讓朱福年覺得自己似乎已經被抓到把柄，但又莫明實情。同時，他還給他時間，讓朱福年檢點帳目，彌補過失，等於有意放他一條生路。最後再明確告訴朱福年，只要盡力，他仍然願意重用。

一如胡雪岩的計劃，朱福年心理害怕得不得了，他不知道胡雪岩對他的事情了解到什麼程度，莫非他埋伏了眼線？

他的疑懼流露在臉上，胡雪岩就索性開誠佈公說了一席話，這段話很有水準：

「福年兄，你我相交的日子還淺，恐怕你還不知道我的為人，我的宗旨一向是有飯大家吃，不但吃得飽，還要吃得好。所以，我絕不肯輕易敲碎人家的飯碗。不過，做生意跟打仗一樣，總要齊心協力，人人肯拼命，才會成功。過去的都不用說了，以後看你自己，你只要肯盡心盡力，不管心血花在明處還是暗處，我說句自負的話，我一定看得到，也一定不會抹殺你的功勞，在你們二少爺面前幫你說話。或者，你若看得起我，將來願意跟我一起打天下，只要你們二少爺肯放你，我歡迎之至。」

這番話，聽得朱福年激動不已：「胡先生，你說這樣的金玉良言，我朱某人再不肯盡心盡力，就不是人了。」他對胡雪岩畢恭畢敬，顯然對胡雪岩徹底服氣。

此人平時總是自視甚高，再加上有老闆龐二當他的後台，總在有意無意間流露「架子大」的味道。此刻一反常態，才是真正內心的表現。

胡雪岩的寬容大量收服了朱福年，也靠信義結交了龐二，成爲互相依託的股東，這爲胡雪岩日後闖入上海絲業又創造一個良好的契機。

要想成就一番大事業，沒有寬容大度的胸懷是不可能成功的。

PART 3.

用對方的邏輯解決問題

當我們遇到固執己見的對手，
費盡唇舌也難以說動時，
應該順著對方的思路與邏輯，
才可能動搖得了他的想法。

懂得避嫌就能少些麻煩

若不想花太多力氣與那些喜歡揭人瘡疤的人爭辯，最聰明的辦法，還是應該「不做讓別人可以懷疑你的事」。

中國有句老話叫「人言可畏」。的確，在人群之中流傳的言論，可以是錦上添花的光彩與花環，但也可以是最危險、最有殺傷力的一把刀子，言論力量之驚人，誰都不應該小看。

什麼樣的人應該特別留心這種「人言」的威脅性呢？

當一個人與權力核心扯上關係，就特別容易成爲被別人議論的對象。

不論是公司、機關或團體裡的「紅人」，或是旁人眼中的「驕子」，甚至手中握有相當權力的人，所作所爲一定會比其他人受到更多的注意，被人拿放大鏡細細

審視。因此，這類人的一言一行都要特別小心謹慎！

郭文本是唐文宗時皇宮內一名普通的士兵，由於為人很聰明機靈，懂得如何巴結主子和上級官員，上下關係處理得非常好，不久就被分配到皇太后宮中當差，成了皇太后的親兵。

為了博得皇太后的歡心，他硬是要把自己兩個女兒都送進宮裡當仕女。要進宮前，郭文千叮嚀萬囑咐，告訴女兒們該如何在宮裡當差、如何討皇太后歡心等等。

皇太后得知郭文把自己的一對女兒也送進了宮裡，心裡很是感激，不但親自接見郭文，還賞賜不少金銀財寶給他。郭文更是趁此機會，拼命奉承皇太后，表達自己對朝廷的一片忠心。

不久，皇太后就和唐文宗說了郭文一家的事，要求皇帝賜個官給郭文，唐文宗於是派郭文去某地做了縣令。

朝中大臣們知道了此事後議論紛紛，大家都說郭文用兩個女兒換了個官職的做法，不合朝廷禮法。柳公權對唐文宗說：「皇上，凡是朝廷命官，都必須是經過嚴

格考核的人才，絕不能採用不正當的途徑任命啊！」

唐文宗有些為難地說：「這朕知道，可是郭文把自己的兩個女兒都獻給皇太后，皇太后很欣賞他，而且皇太后還親自接見了郭文，說他是個德才兼備的人。朕實在不好違背皇太后的旨意。」

柳公權回答：「皇上，即使郭文有再大的本事，但沒有經過考核就任命他為官，人們也會說他是沾了兩個女兒的光啊！」

唐文宗面有難色，心想柳公權說的不錯，可是自己也不好違逆皇太后的意願，這該怎麼辦呢？

柳公權見唐文宗一時拿不定主意，便說：「皇上，古人云：『瓜田不納履，李下不整冠』，意思是說，經過瓜田時，不要彎腰提鞋子；走到李子樹下時，不要抬手整理自己的帽子，都是為了避免偷瓜摘李的嫌疑啊。」

唐文宗聽到這，知道事情的嚴重性，於是心一橫，也顧不得皇太后高興不高興，毅然罷免了郭文的官職。

聰明人都應該要避免「瓜田李下」之嫌，尤其是那些手上握有權力的人，更應該懂得避嫌，免得引起他人的懷疑。

當然會有人說：仰不愧於天、俯不怍於地，只要自己行得正、坐得端，又何必在意他人的看法呢？

一個人若能做到「俯仰無愧」，完全不在意他人的看法，自然是件了不起的事。但是，回頭看看當今世上，又有多少人真的能夠完全離群索居，對他人的看法毫不在意呢？

若不想花太多力氣與那些喜歡揭人瘡疤的人爭辯，最聰明的辦法，還是應該「不做讓別人可以懷疑你的事」。唯有如此，才能將自己的心力放在更有意義的地方，不必花太多心思去處理那些流言蜚語。

懂得急流勇退，才能全身而退

不要永遠守著功成名就，應在該退出的時候退出，瀟灑地轉身離開，轉換另一條人生的跑道，才能讓自己的成功長久。

諾貝爾獎得主居禮夫人曾說：「榮耀就像是玩具，只能玩玩而已，絕不能永遠守著它不放，否則就將一事無成。」

看到居禮夫人這樣說，有些人很可能會質疑，功成名就的榮耀是多少人一生追求的夢想，怎麼可能像玩具一樣說丟就丟呢？

但是，在古今中外的歷史當中，有太多例證可以證明，若在自己最輝煌的時候不能察覺時勢、急流勇退，通常都會得到悲劇性的下場；反而是那些懂得在最燦爛時刻謝幕的人，能夠永遠保有他們的成功。

范蠡是春秋後期的越國名臣，年輕時便精通韜略、足智多謀，被越王勾踐拜為大夫。公元前四九四年，吳王夫差大破越軍，勾踐被迫攜妻入吳稱臣，范蠡也跟隨在勾踐身旁，在吳國做了兩年人質。

歸國後，他輔佐勾踐、圖強雪恥。經過十餘年努力，越國終於轉弱為強，並於公元前四七三年一舉消滅了吳國，使越國成為南方霸主。

勾踐滅了吳國後聲威大震，周朝天子派使者賜他君王的禮服，封勾踐為東方諸侯的領袖。勾踐於是在宮中大擺酒菜，與大臣們一起飲酒作樂。

在酒席間，樂師鼓琴唱了一首《伐吳曲》表示慶賀，歌中唱道：「大王威武揚兵威，問伐吳國當何時？」

文種聽了，向前致詞，唱道：「吳殺忠臣伍子胥，今不伐吳待何時？良辰獻謀迎天禧，一戰得地千餘里。恢宏功業永不滅，君臣同樂酒滿杯。」

大臣們聽後歡聲大笑，但是勾踐卻面無喜色。坐在一旁的范蠡敏銳地覺察到勾踐的不快，心中暗暗嘆息，他明白越王不肯將勝利歸功於大臣，功臣們很快就要大

禍臨頭了！當天晚上，范蠡便悄悄出城，勾踐得到消息之後勃然大怒，立刻派人追捕，但最後無功而返。

第二天，文種，收到了范蠡的一封來信，信中說：「你難道沒有聽說過：『狡兔死，走狗烹；敵國滅，謀臣亡』嗎？越王的為人是能忍受屈辱，卻嫉妒別人的功勞。這樣的人，可以和他共患難，卻不可和他同享樂。若不盡快離去，必將落得『兔死狗烹』的悲慘下場！」

文種卻不以為然，並嘆氣說道：「范蠡也太多慮了！」

范蠡的話很快就得到了證實。勾踐對滅吳有功的大臣不但沒有封賞一寸土地，而且還疏遠了這些臣子。許多大臣察覺到形勢不對，紛紛裝病辭職，文種這時才相信了范蠡的預言，也裝病在家，但為時已晚。

一天，勾踐突然來到文種家中，對文種冷言相譏，並扔下佩劍要文種自盡。傷心欲絕的文種仰天長嘆道：「我沒有聽從范蠡的忠告，白白送了性命，實在是愚蠢啊！」說罷，便拔劍自刎。

至於范蠡最後則到齊國，定居於陶（**今山東定陶縣**），改稱為鴟夷子皮，又改

名陶朱公，並且經商致富，終成一代富翁，並被當作是中國商界的祖師爺，受到世代商賈的供奉和景仰。

英國有句諺語這麼說：「猴子戴上了人的面具，才更顯示出他是獸類。」

在這個充斥著假面舞台的社會裡，許多僞善的人，喜歡用道貌岸然的外表，來掩飾他們內心的醜陋。想在競爭激烈的現實社會存活，每個人都必須學點人性擒拿術，無論是面對你的敵人或是友人，都不能傻愣愣地將自己的一切暴露無遺。

勾踐臥薪嚐膽，苦熬多年終於成功，是相當有毅力與決心的一位領導者，但是，他卻不是一個能與他人共享榮華富貴的人。

世上有太多這類能夠共患難，卻不能同享福的薄情之人。文種不信范蠡的話，最後在傷心當中自盡，給了我們一個最好的警惕。

范蠡敏於觀察、勇於決斷，讓他得以全身而退，甚至能在另外一個不同的領域中開拓出一片天空，是這整個故事當中最值得我們學習的人物。

當一個人好不容易達成了奮鬥的目標、沐浴在他人的掌聲與喝采當中時，毫無

疑問地，這應該是他人生中最爲光輝燦爛的一刻。

可是，許多人就是被這樣的榮耀蒙蔽了眼睛、混淆了判斷，認爲自己從此以後會有享不盡的榮華富貴，可就大大的錯了。

「人世無常」是歷史告訴我們的教訓。如果太過留戀一時的成功，就會在這之中迷失、沒落，最後黯然地消失在人生的舞台上。

就像居禮夫人所說的一樣，不要永遠守著功名，應在該退出的時候退出，瀟灑地轉身離開，轉換另一條人生跑道，才能讓自己的成功長長久久。這一點，數千年前的范蠡，就已經給了我們最好的示範。

用對方的邏輯解決問題

當我們遇到固執己見的對手，費盡唇舌也難以說動時，應該順著對方的思路與邏輯，才可能動搖得了他的想法。

英國作家薩奇博士曾說：「一個小小的詭辯，可以節省成噸的辯解。」

相信大家都曾遇到過類似這樣的困擾。很多時候，爲了事情的需要，我們必須要去說服一些既固執又難以溝通的人。他們很可能是我們的長輩或是親友，是街坊鄰居，或是同公司裡不同部門的職員，甚至是路邊收破爛的老公公，或者是自己根本就不認識的人。

由於彼此的生長環境、教育背景以及生活體驗迥然不同，他們與我們習慣的語言邏輯可能不盡相同，思考方式也與我們迥異，我們常常花了許多心思、說了許多

好話、費了不少唇舌，仍然無法達到溝通的效果。這個時候，你會怎麼做呢？

東漢時代，在今天的南昌地區，有一位名叫徐童的少年，生性聰穎機智、善於論辯，在家鄉一帶聲名遠揚。發生在他身上的有趣故事很多，至今許多故事還在江西一帶廣為流傳。

一天，有個叫郭林宗的老先生邀請徐童到他家做客。郭林宗也是一位學識淵博之士，在南昌一帶名氣很大，不僅待人十分和藹可親，也勤於鼓勵後進，徐童欣然前往。

徐童剛踏進郭老先生的庭院，便看到一些人拿著鋸子與斧頭，正準備砍倒院中的一棵大樹。

徐童看那棵樹枝繁葉茂、鬱鬱蔥蔥，夏天能乘涼，冬天能擋風，覺得砍掉了十分可惜，於是對郭老先生說：「老先生，您看這棵樹足有上百年的樹齡，還長著圓形的枝蓋，披滿了綠色的葉子，就像一把巨大的華蓋傘。夏日時，它能讓人遮陽乘涼，冬天時能為人擋風攔雪，而且它目前還是生機勃勃，沒有半點枯老的跡象，為

什麼要砍掉它呢？不覺得太可惜了嗎？」

郭老先生聽完徐童的話之後，便哈哈大笑，說道：「是這樣的，我最近看了一本書，書中這麼說：『庭院天井四方方，方方正正口字狀，院子當中如有木，木在口中不吉祥。』我仔細地想了想，這說得很有道理啊！你看，木在口中，不就成了『困』字了嗎？你說，誰願意生活在困境中呢？」

徐童聽後，覺得老先生的話也有道理，但是轉念一想，又似乎不大對勁。經過短暫的思考後，徐童便對郭老先生說：「先生您剛才說的，表面上看來很有道理，但您卻忽略了另外一個問題。我最近也看了一本書，書中這麼說：『房屋造得四方方，方方正正口字狀，房屋當中如住人，人在口中不吉祥。』您想，人在口中，不正好是一個『囚』字嗎？誰願意在囚禁罪犯的牢房之中生活呢？所以，您忽略的地方就在於這一個字。如果因為『困』字不吉利，就要把庭院中的古樹砍掉，可是『囚』字就更不吉利了，這麼一來，屋中還能住人嗎？」

郭老先生聽後先是一驚，然後又哈哈大笑起來，連連誇讚道：「言之有理，言之有理，真是後生可畏，你堪稱是我的『一字師』啊！」郭老先生於是吩咐僕人們

不要砍古樹，這一棵古樹便因為徐童的一席妙語而保住了。

這位徐童確實頗有才思，令人激賞，但是，我們應該效法的，並不是徐童玩文字遊戲的能力，而是他「用你的邏輯來駁斥你」的巧妙招數。

若是用環保、惜物等觀念與郭老先生溝通，企圖說服他，結果未必能夠奏效，因爲我們認爲重要的事情，別人未必如此認爲。尤其在雙方的歲數與成長背景、教育環境都有相當程度差異的情形下，我們的「道理」可能很難令對方信服。

不過這個時候，不要放棄，也不要惹怒對方，而是應該盡量發揮自己思考的柔軟度與彈性，順著對方的思路與邏輯，「以子之術，還治彼身」，才可能動搖得了他的想法，進一步說服。

世界上沒有完全無法溝通的人，關鍵在於要怎麼溝通、怎麼傳達我們的觀念。遇到固執己見的對手，費盡唇舌也難以說動時，不妨試試「拿他的邏輯來說服他」的妙招，也許會有令人意想不到的好結果呢！

不到最後，別讓敵人看透

若能保護自己的情報不為對方所知，便能進一步掌控敵方的心理，即使在實力不如人的情況下，仍能一舉翻轉戰局。

牌桌上有如戰場，手上的牌就是自己所能運用的兵力，我們可以虛張聲勢，也可以扮豬吃老虎，但前提是，不要讓敵人知道你的底牌是什麼，直到最後，都要讓他弄不清楚你的用心。

打牌與打仗一樣，彼此間的較量，不只是兵力之間的對抗，更是雙方心理上的鬥爭，如果善用這一點，即使手上的牌比別人差，也能夠得到最後的勝利。

東漢安帝時期，地處西北的羌族舉兵反叛，派兵侵略武都。羌族士兵燒殺擄掠、

無惡不作，所到之處無不哀鴻遍野。

邊關告急，鄧太后便召集滿朝文武大臣，商討平定羌人叛亂之事。大臣們一致推舉有將帥之才的虞詡擔任將領，鄧太后也欣然同意，馬上升任虞詡為武都太守，令他率兵立即西行。於是，虞詡率三千兵馬前往武都。

羌人早就聽說虞詡很厲害，所以一得知漢朝派他前來征討，羌人首領便率領幾千人馬，在陳倉道上順著地勢設下埋伏，想在這裡堵住虞詡軍隊的進攻。

不過，虞詡看穿了羌人的埋伏，立即命令隨行人馬停止前進，並且宣稱自己已上奏朝廷，請兵增援，要等援軍到來再一起前進。

羌人得知這一消息後，就分頭到鄰近的縣城去劫掠，留在大本營裡的少數羌軍，也覺得虞詡一時不會進攻，就放鬆了警戒。沒想到，虞詡趁機日夜兼行百餘里，命令將士們每人搭營時做兩個灶，以後每人每天再多做兩個灶。羌人見灶坑數天天增加，以為漢軍有了援軍，便不敢逼近他們。

漢軍中有人不解真意，問虞詡：「孫臏圍魏救趙時，是採用逐日減灶之法欺騙魏軍，但您卻是用逐日增灶之法。此外，兵書上說一日行軍不得超過三十里，以防

不測，如今我們卻走了二百多里。這是為什麼呢？」

虞詡回答：「因為敵人兵多，我軍人少。敵人見我軍鍋灶數逐日增多，必定認為我方有援軍。另外，我們行軍速度又快，敵人必然不敢追趕。孫臏是故意向敵人顯現自己力量弱小，我現在是向敵人偽示自己力量強大。兩者所用戰法不同，是因各自所處的情勢不同。」

周圍人聽後，連連點頭稱是，佩服虞詡用兵有方。

虞詡到了武都郡，由於兵不滿三千，被數萬羌兵圍於赤亭數十日。虞詡命令將士頑強固守，一直堅持了十天，打退了羌軍多次進攻，大大挫傷了羌軍的銳氣。

到了第十天，羌軍又開始進攻了。

虞詡站在城牆上觀望戰況，發現羌軍士兵畏縮不前，好像是怕被漢軍的強弓利箭射著。於是虞詡命令將士不要發射強弩，只用小弩射擊。

羌人見漢軍箭力薄弱，射不到自己，以為沒有危險了，便集中兵力加緊攻城。可是，當羌兵衝到城下時，虞詡命令二十副強弩同時發射。羌人大驚，連忙退卻。虞詡見敵退兵，立即縱兵追擊，大敗羌兵。

羌兵雖然大受損傷，但是當他們發現虞軍反攻時，只出動兩千多人，就明瞭虞詡兵力不多，準備再次進攻赤亭。虞詡也察覺到自己暴露了實力，估計羌軍可能會再次進攻，於是為了迷惑羌軍，決定再製造一次假相。

次日，虞詡讓所有官兵排成長隊，耀武揚威地從東邊城門出去，轉一圈後再從北邊城門進城。進城後更換衣服，又從這個城門出發、那個城門進來，並不斷更換衣服以迷惑羌人。每天都這樣反覆出入多次。

羌人見漢軍服飾不同，以為有眾多士兵不斷出入，實在猜不透漢軍有多少人馬，心中愈發驚懼，軍心動搖。

虞詡估計羌人將要退兵，就在敵人撤退的必經道路上，派五百餘人埋伏在城外河流淺水處。結果，羌人果然因過於畏懼而逃走，走至半路，漢軍伏兵突起，大獲全勝，羌人潰敗，只好逃竄到益州，武都郡於是安定了下來。

法國哲人霍爾巴德曾說：「人之所以恐懼，只是由於無知。」這句話一針見血地說出了當人無法掌握情況的時候，心中所產生的恐懼感。同樣的，虞詡那彷彿變

魔術一般「實則虛之，虛則實之」的戰術，也正是抓住羌軍這種心理而得到了勝利。

對未知的事情感到害怕、不確定，正是我們要隱藏起自己的實力，不讓敵人摸清底細的原因。這麼一來，對方會因爲無法掌握狀況而多有保留，不敢全力一戰。利用他們的恐懼心，我們便能將情勢操之在己。

如果仗都還沒打完，就被敵方摸清了底，就像牌局都未結束，就讓對方知道了自己的底牌一樣。如此一來，比我們弱的趁早收兵，減少損失；比我們強的豈不加碼挹注、一次要我們輸個精光嗎？

不到最後關頭，別因爲一時心急口快，或因爲錯信了他人，而讓自己的底牌提早曝光，在無情的爭鬥中，這是非常要不得的失誤。

若能保護自己的情報不爲對方所知，同時掌握到敵方的實力，便能進一步掌控敵方的心理，即使在實力不如人的情況下，仍能利用敵人的恐懼感以及隨之產生的誤判，一舉翻轉戰局。

愛說大話只會被人當成傻瓜

看著媒體上那些愛說大話的人，當他們滔滔不絕說自己多了不起，有多少聽話的人在肚裡暗笑他們的淺薄無知呢？

英國的知名學者布爾沃．利頓曾經這樣說過：「當你與半智半愚者談話時，不妨說些廢話；當你與無知者談話時，不妨大肆吹牛；不過，當你跟睿智的人談話時，就該非常謙恭，並且不要忘記徵詢他們的看法。」

布爾沃這幾句金玉良言，當然是有其道理的，不過糟糕的是，在現在這個世界上，有許多人在說話的時候，常搞不清楚聽話的人是什麼來歷，總把聽者當做半智半愚者，說了半天盡是廢話；要不，就是把聽眾通通當成傻瓜，大肆吹噓一番，卻不知道自己早已出盡洋相了！

東漢末年，北海地方出了一個很博學的人名叫孔融，是孔子的二十世孫，泰山都尉孔宙的兒子。孔融從小聰明過人，尤其長於辭令，小小年紀已享有盛名。孔融同時是一個懂禮貌、講謙讓的人，「孔融讓梨」的故事可謂家喻戶曉。

孔融小時候，都城洛陽的行政長官李元禮是一位十分有名的學者，平日拜訪他的人很多，如果來訪者是個無名之輩，守門的人照例是不通報的。

那時，年僅十歲的孔融很想拜見這位大學者。一天，他來到李元禮的官府門前，請守門人通報。但守門人見他只是個孩子，打算隨便把他打發走。孔融靈機一動，對守門人說：「我是李先生的親戚，他一定會見我的。」

守門人一聽說是李元禮的親戚，馬上通報主人。李元禮聽到守門人的通報後備感奇怪，自己並沒有這樣一位親戚，不過還是決定見見他。

李元禮見到孔融，好奇地問：「請問你和我有什麼親戚關係呢？」

孔融從容地回答道：「我是孔子的後代，您是老子的後代。天下人都知道孔子曾向老子請教過禮的問題，既然他們是師生關係，那我和您也是世交呀！」

李元禮家中當時有很多賓客在座，大家對年僅十歲的孔融竟如此博學和機敏感到驚奇，李元禮更是為能結交到這樣一位神童做到十分驕傲。

李元禮的其中一名賓客陳韙，對孔融的表現卻不以為然，當著孔融的面隨口說道：「小時了了，大未必佳。」

意思是說，小時候雖然很聰明，長大了卻未必能夠成材。

聰明的孔融聽了，立即反駁道：「想君小時，必當了了。」言下之意，自然是說陳韙現在是一個庸才。陳韙被孔融這句話堵住了，半天說不出話來，氣得滿臉通紅，最後在眾人的笑聲中，悻悻然地離開了。

孔融是中國歷史上的知名人物，他的故事被傳誦至今，而這位陳韙呢？若不是鬧了這樣一個笑話，恐怕他的名字也不會流傳到今天吧！

當時，這位陳韙先生不但頗有名氣，還官拜上大夫，平常就很心高氣傲，當然對孔融這個小鬼頭充滿了輕視之意，怎麼會料到，他不但被孔融當場反將了一軍，這個故事還因此流傳千年。

早知如此，相信他一定不會隨隨便便就開口嘲諷孔融「小時了了」。話說了出去就收不回來，正是因爲這樣，我們才更要小心謹愼自己說的每一句話，尤其要注意的是，別把聽話的人都當成傻瓜。布爾沃說面對無知者時可以大肆吹噓，問題是，也許眼前看似不起眼的小鬼，搞不好就是下一個孔融！誰能肯定自己說話的對象是不是無知之輩呢？

看著媒體上以及生活周遭那些動不動就愛說大話的人，倒應該爲他們感到悲哀了。當他們滔滔不絕地說著自己多了不起、多麼厲害的時候，有多少聽話的人在肚裡暗笑他們的淺薄無知呢？

我們也必須想想自己的情況又是如何？是否也曾因說了大話，被人在暗地裡嘲笑？開口說話時，千萬要多加小心留意，別成爲下一個「陳韙」了。

打破規則才能成為勝利者

要得到出其不意的勝利，就要用打破常規的方法，遊戲規則既然是人定下的，那麼也可以用人的力量與智慧加以顛覆。

英國文人濟德曾經說過：「當你發現許多富有創見的人都沒有想到某一點時，就是他們被習慣引入歧途了。」

這句話是什麼意思呢？濟德的意思是說，即使是最聰明、最有創見的人，他們的思考還是存在一些盲點，使得他們無法做出最徹底的突破，這個思考上的盲點，正是他們習以爲常的生活方式與思考模式。

在創意與創造的道路上，若要達到他人無法達到的境界，若要想到別人無法想到的事，便要多加留意這一點。

諸葛亮少年時期曾拜水鏡先生司馬徽為師。當時，與他一起學習的還有十多個弟子。

學習滿三年後，水鏡先生便對弟子說：「五天後我要考你們，合格的算出師，不合格的就請便了，往後在世上也不能自稱是我的弟子。」

弟子們一聽，個個心情緊張，捧著書本晝夜背誦，只有諸葛亮整日在水鏡莊外遊逛，十分逍遙自在。

到了第五天，一大早，水鏡先生就端坐堂上，對心情忐忑的弟子們說：「我只出一道考題，仔細聽好，從現在起到午時三刻為止，誰能得到我的允許走出水鏡莊，誰就算成功了。」

弟子們一聽全傻了眼，急得抓耳撓腮。有的大呼：「莊外失火！」有的謊報：「大水漫到水鏡莊了！」

但水鏡先生概不理睬。

徐庶跑回宿舍，寫了封假信，哭著呈給水鏡先生說：「今天早上有人帶來一封家書，說我母親病重。我不參加考試了，請先生允許我馬上回家。」

水鏡先生搖搖頭說：「午時三刻以後就自便。」

龐統接著上前稟道：「要得到先生允許從莊裡出去，我是沒辦法了。但若是站在莊外，我倒能想出主意走進莊內來，請先生讓我到外面試一試。」

水鏡先生沒有上當，笑著說：「你別耍小聰明了，站到一旁去。」

諸葛亮呢？早就伏在書桌上睡著了，而且還鼾聲大作，攪得大家不得安寧。水鏡先生見狀相當氣憤，要在往日早趕他出去了，今天只好暫且先忍著。

眼看午時三刻就要到了，諸葛亮終於打了個呵欠站起來，接著滿臉怒氣地直奔堂上，一把拉住水鏡先生的衣襟，發怒道：「你這個老頭太刁鑽古怪，盡出什麼爛題目？分明是把我們當傻子耍。我不當你的弟子了，你這傢伙耽誤了我三年時間，趕緊還我三年學費！」

水鏡先生是天下名士，誰不尊敬？現在見諸葛亮竟這樣對待他，氣得渾身發抖，連忙呼喚龐統、徐庶等人上來，生氣地說：「快快把這小畜生趕出水鏡莊！我再也

不想見到他！」

誰知諸葛亮還拗著不走，龐統、徐庶等人死拉硬拽，才把他拉了出去。一出水鏡莊，諸葛亮就哈哈大笑起來。龐統與徐庶不明就裡，便問諸葛亮為何而笑。

諸葛亮不答，順手撿起路旁的一根柴棒，然後返身跑回水鏡莊，對水鏡先生說：「方才為了考試，萬不得已衝撞了恩師，弟子願受重罰。」

水鏡先生恍然大悟，轉怒為喜，對諸葛亮說道：「你可以出師了。」

看完這則故事的人，應該都不得不佩服諸葛亮。

徐庶的苦肉計、龐統的小聰明，全都被水鏡先生輕易看破。

諸葛亮卻別出心裁，不惜演出一場違逆師尊的戲碼，不但騙過了同學，也騙過了老師，最後順利走出莊外，實在是相當高明，也難怪他後來能向劉備獻上那麼多流傳千古的計謀。

不過，仔細分析諸葛亮這一辦法，會發現他之所以能成功騙過大家的主要因素，

就在於他將師與徒之間的常規給打破了，還顛覆了考試的潛在規範。

在規定的時間快要到時，此刻恐怕很多人都已經放棄，老師也因此鬆懈了，諸葛亮大吵大鬧，先是罵水鏡先生竟然出這種爛題目，否定了考試本身，又要求水鏡先生退學費，打破師徒常規，被他這麼一鬧，老師只想趕快把這個學生掃地出門，哪裡還記得考試的事？最後好不容易把他給攆走，諸葛亮才笑嘻嘻地提醒大家：我出了莊，我已經通過測驗了！

由這例子可知，要得到出其不意的勝利，就要用打破常規的方法，遊戲規則既然是人定下的，那麼也可以用人的力量與智慧加以改寫顛覆。

諸葛亮的故事便是最好的示範。

詭計再周全，也有東窗事發的一天

就算你自認策劃的計謀很完善，還是應該記住：世界上不會有百分之百不被揭穿的詭計，在耍心機之前，可得要三思。

《伊索寓言》裡面有這麼一句話：「陰謀陷害別人的人，自己必定也會遭到不幸。」這不只是一句老掉牙的勸人爲善之語，畢竟，在這個人吃人的人性叢林裡，幾乎每個人都曾用過一點手段、耍過一點小心機。

不過，夜路走多了總會遇到鬼。不管你是多麼胸有成竹，在做壞事之前，就必須要有將來面對東窗事發的心理準備！

孫亮字子明，是孫權的兒子，也是東吳的第二位皇帝。

西元二五〇年，太子孫和被廢後，孫亮成為新太子。兩年後，孫權病逝，孫亮繼承皇位，那年只有十歲。

一天，孫亮剛從西苑觀看完練兵，在回宮的途中感到十分口渴，想吃幾個青梅解解渴，便叫太監送上青梅。才剛咬了青梅一口，他就覺得口中充滿酸味，實在難以忍受，於是命令太監到庫房中拿蜂蜜來拌著吃。

蜂蜜很快送上，孫亮將它和青梅拌在一起吃。正吃得起勁時，突然發現蜂蜜裡竟有幾顆老鼠屎，一陣噁心之下，就嘔吐了起來。

太監們見狀，全慌成一團，有的幫他捶背，有的幫他擦拭嘴邊的穢物，有的拿清水給他漱口。

吐完之後，孫亮勃然大怒，喝斥前去取蜂蜜的太監：「為什麼蜂蜜裡會有老鼠屎啊？」

這個太監嚇得渾身發抖，回答說：「奴才不知。想必是管庫房的官吏失職，讓老鼠跑到庫房裡偷蜜吃，吃飽了後拉屎在蜂蜜裡面。」

「傳庫吏過來見我！」孫亮怒氣沖沖地說。

庫吏不知發生了什麼事，戰戰兢兢地來到孫亮面前，跪下說：「陛下傳喚小人，有何吩咐？」

孫亮問：「為什麼蜂蜜裡會有老鼠屎？」

「小人不知。」庫吏據實以對。

孫亮更加惱火：「你不知，他不知，難道老鼠屎是從天上掉下來的？」

庫吏申辯道：「裝蜂蜜的罈子，小人用蓋子嚴嚴實實地蓋著，連灰都掉不進。陛下若不信，可派人前去查看。」

孫亮覺得庫吏說得有理，又問太監：「那老鼠屎就是你放的了？」

太監趕忙解釋說：「我去取蜂蜜，一會兒就回來了。倉促之間，哪兒有功夫找老鼠屎放在蜂蜜裡呢？」

侍中刁玄、張邠啟奏說：「既然二人都不承認，就交執法官去審訊。」

孫亮卻說：「不必，此事很容易搞清楚。」

孫亮命令別的太監將老鼠屎一粒粒剖開。細心察看後，指著去取蜂蜜的太監說：「這老鼠屎是你放的，還不快從實招來！」

太監還想狡辯，孫亮又說：「如果老鼠屎早就在蜜中，屎的內外都會是濕的，但是這些老鼠屎內乾外濕，分明是才剛放進蜂蜜裡去的，因此必定是你放的。」鐵證如山，那名太監不得不低頭認罪。庫吏這時不由得鬆了一口氣，左右也都十分佩服孫亮的分析判斷。

孫亮又問取蜜的太監：「你把老鼠屎放在蜂蜜裡，是存心加害我嗎？」

那太監磕頭如搗蒜，直說：「奴才不敢，奴才不敢！」

孫亮又說：「那你必然是為了誣陷庫吏！」

太監悶不吭聲，表示默認。

孫亮問庫吏：「你和他有仇嗎？」

庫吏回答：「應該是因為他曾經向我討蜂蜜吃，我不敢給他，所以他一直記恨在心，今日見有機可乘，就想陷害我。」

孫亮問取蜜的太監：「你還有什麼話說？」

那太監拚命哀求，又哭又磕頭地連叫：「陛下寬恕。」但孫亮仍吩咐左右把他的頭髮剃掉，鞭打了數十下後，把他攆出宮外去了。

醜陋的人性讓人防不勝防，現實的社會中才會充滿各種陷阱與勾鬥，處處可以見到詐欺、坑騙、巧取豪奪、過河拆橋、落井下石……等等讓人瞠目結舌的負面情事。

這件事若未在當下馬上裁斷，等到移交給執法官審理，唯一的證據就已經被破壞，恐怕很難揪出眞正的犯人了。孫亮年紀雖小卻很聰明，那位居心不軌的太監，恐怕也沒想不到，自己的計謀居然會被年幼的小皇帝揭穿吧！

要耍小心機，也要有被「抓包」的心理準備。若是做了壞事，還以爲只有天知、地知、自己知，永遠不會被人發現，那就未免太小看別人了。

就算你自認很聰明、策劃的計謀很完善，還是應該記住：世界上不會有百分之百不被揭穿的詭計，在耍心機之前，可得要三思再三思啊！

利用趨勢，把握情勢

> 利用趨勢，確實可以幫助我們把握情勢。不過，必須對於自己投身的領域有相當的了解，才能進一步做出正確的判斷。

英國思想家培根曾經說過：「你若順從自然的趨勢，就最能夠輕易地征服它。」不只是培根，中華文化當中易經、老莊等思想，也很講究「順天而行」的道理，所謂「順天者昌，逆天者亡」，就是這種思想的體現。我們如果能順應天時、地利、人和等種種情勢，成功當然就在眼前了。

北宋名將楊業有七個兒子，他們大多血灑疆場、為國捐軀，楊業的七個兒子中，以楊延昭最負盛名，他像父親楊業那樣智勇善戰，能與士卒同甘共苦，遇敵必身先

士卒又不居功，深受士卒愛戴。

他守衛邊境長達二十多年，連契丹人也畏懼他的威名，尊稱他為「楊六郎」。他死後，河朔之人多望棺而泣，就連身為敵方的契丹人也舉哀致敬。

宋真宗咸平二年，契丹人又一次向宋朝發動大規模的進攻，宋軍節節失利，當時楊延昭正守衛遂城。九月初，敵軍攻打遂城時，楊延昭請求增派援兵，但是河北大將傅潛畏怯不敢出，遂城遂為契丹軍隊所困。

楊延昭雖指揮部隊將契丹人一次又一次地打退，但由於蕭太后親臨城下，親自督戰，遼軍士氣很高，遂城的危急情勢不曾稍減。

當時，遂城中守軍不滿三千，眾心危懼，但楊延昭依舊從容自若，徵召城中壯丁，輪流登城，披甲執械，日夜護守。一直堅持到了十月，敵軍還是沒有離去的跡象，三日一小攻，五日一大攻。遂城城中糧水漸缺，士兵和百姓的士氣也變得越來越低迷。楊延昭面對這危急的戰況，心中也非常著急，但是身為將領的他，越是危急時期越得要從容鎮定，才能穩定住軍心。

同年十月，時值秋高氣爽的季節。一天晚上，苦苦思索破敵之計的楊延昭怎麼

也睡不著，便走到屋外散步。他抬頭望著天空，精通天象的他發現，過幾天會有寒流來襲，氣溫會突然下降，發現了這點，楊延昭心中大喜，馬上返回屋中去查找天文書籍，看自己的判斷是不是準確。經過研究，他肯定自己的判斷不會出錯，心裡馬上便有了個計謀。

第二天，楊延昭命令城中軍民汲水澆灌城牆，同時給每位士兵發了厚厚的棉衣，要他們穿上。士兵們見狀，人人感到疑惑不解，紛紛議論說，在這麼暖和的天氣要穿棉衣幹嘛？但這是將領的命令又不得不從。

沒想到至傍晚時分，突然颳起大風，氣溫驟降，穿著棉衣的宋軍將士紛紛讚揚楊延昭有先見之明。

相反的，城外的遼軍可慘了，他們都穿著薄薄的單衣，冷得直發抖，敵軍將領看到這情況十分著急，便想讓己方軍隊透過作戰的方式暖和起來，於是天一亮，便發動了對遂城的進攻。

誰知道，只一夜之間，城牆上的水都已經結冰了，城牆變得又堅固又光滑，敵軍別說是爬上城牆了，就連攻城的梯子也擺不穩。一時，敵軍陣腳大亂，城上的宋

軍趁機齊發弓箭，敵軍死傷累累。楊延昭見狀，趕緊命令宋軍乘勝出城反擊，敵軍潰敗而逃。

這次戰役結束後，楊延昭即威震邊疆，遂城被人們稱為「鐵遂城」。宋真宗特意召見楊延昭詢問邊策，並稱讚他「治兵護塞有乃父之風」。

大家都知道應該要順應天時、順應趨勢而行，但是最困難的部分，並不在於該不該做，而是在「如何」做。

看楊延昭抬頭看個天象就知道過兩天氣溫會降，彷彿輕而易舉，再簡單不過，如此把事情簡化的人，肯定會付出代價。就好像玩股票的人，以爲從朋友那邊聽到風聲，就能夠知道幾時該買進、何時該賣出，若是這麼簡單就能大賺一筆，豈不是人人都成爲大富翁了？

楊延昭觀看天象後，知道這可能是一個反擊的契機，仔仔細細地研究一番後，才開始擬定計策，準備反擊。這一步步求證的過程，是必不可少的，同時也是最關鍵的一步。如果不能確認先前的判斷是否無誤，就不應該輕舉妄動。

許多人就是犯了誤判情勢又不知求證的毛病，不但沒有掌握到「趨勢」真正的走向，反而賠了夫人又折兵。

利用趨勢，確實可以幫助我們把握情勢。不過，在這之前，必須對於自己投身的領域有相當的了解，才能進一步做出正確的判斷。

好運不會接二連三地降臨在同一個人身上，只有能夠確實把握趨勢、實事求是的人，才能創造出奇蹟。

PART 4.

不要被你最信任人操縱

對於人的信任不要全心投入，
再親近的人也要有些保留，
畢竟真正肯犧牲自己
成全別人的人從來屈指可數。

安靜的人才是真正致命的敵人

在競爭結束的槍響之前，我們不能鬆懈，要提防那些表面上示弱，其實內心卻虎視眈眈的獵食者！

拉．羅斯福特曾說：「偽裝的單純，是一種巧妙的欺騙。」

我們常常會有一種錯覺，好像那些越是張牙舞爪、威勢驚人的人物，越有影響力、越有權勢，因而對他們畢恭畢敬，生怕怠慢了他們，會爲自己惹來麻煩。

可是，其實我們忽略了，眞正危險、深具殺傷力的敵人，反而是那些默不吭聲、暗中醞釀實力的人。

明朝萬曆年間，皇宮中出現了一隻大老鼠，這隻老鼠的身形非常巨大，幾乎和

貓一樣。牠對宮廷的危害甚烈，常常在夜深人靜的時候出入御膳房，為非作歹，把宮廷鬧得一團混亂。

宮廷為了除掉這隻大老鼠，派人到民間各處尋找最好的貓來制服牠，可是，每次將貓捉來放進皇宮後，貓都被大老鼠嚇跑了。面對這種情況，整個皇宮上下真是一點辦法也沒有。

不久，有個外國使臣來訪，告訴皇帝國外有一種獅貓善於捉鼠，動作非常靈敏，便託人從國外帶來一隻獅貓進貢給皇帝。

這獅貓長著一身白毛，連一根雜色毛也沒有，渾身上下一片雪白。人們聽外國使臣介紹說這個獅貓是捕鼠高手後，都非常高興，心想這下子終於有辦法對付那隻大老鼠了。

人們抱著獅貓走進那間有大老鼠的屋子裡，把門窗都關上，然後就偷偷在旁觀看。只見獅貓蹲在屋子裡，一動也不動。過了許久，那隻大老鼠探出洞口，先是猶豫不決的樣子，過了一會兒，才慢慢從洞裡爬了出來。

牠一發現獅貓，便惡狠狠地向貓撲了過去。獅貓迅速地避開了牠，跳到桌子和

茶几上，大老鼠也跟著跳到桌子和茶几上。

獅貓總是跳上跳下地躲避，而大老鼠在後面使勁地追趕，就這樣反反覆覆、跳上跳下的。

大家在外面看著這幅景象，不免有些失望，都以為這隻獅貓膽小害怕，是隻沒有能耐、無所作為的貓。

過了不久，人們看見老鼠敏捷迅速的跳躍漸漸慢了下來，牠的大肚子一起一伏的，彷彿是喘息不已，需要趴在地上稍稍休息片刻。

這時，只見獅貓飛快地從茶几上跳下來，迅速伸出兩隻利爪，狠狠揪住老鼠頭頂上的毛，接著一口咬住了老鼠的腦袋。那隻大老鼠拚命掙扎，但獅貓狠狠抓著牠不放。過了一會兒，老鼠淒厲的叫聲不見了。大家急忙打開門一看，原來老鼠的腦袋早已被獅貓嚼碎了。

眞正想致我們於死地的人，不會虛張聲勢地讓我們有所防備，他們就像獅子般，埋伏在草原上的草叢中，慢慢接近我們，讓我們在自以爲十分安全的時候，突然發

動攻擊，一下子便咬住了我們的要害，或許我們在還不明狀況的時候，就已經成了他們的盤中飧。

拿破崙曾說：「勝負的關鍵就在最後的五分鐘。」

想要贏過我們的人，未必會在比賽前就敲鑼打鼓，宣告自己的到來。他們只要能掌握那最後的關鍵時刻，一樣能將我們逼入絕境。這些潛伏在旁的狩獵者，在絕大部分時候是不會大聲嚷嚷的，然而，我們一旦掉以輕心，他們就會迅速進攻。

不要小看這樣的人，他們雖然安靜，卻會致命。在競爭結束的槍響之前，我們不能鬆懈，要提防那些對我們不懷好意的人，更要小心那些表面上示弱，內心卻虎視眈眈的獵食者！

不要被你最信任的人操縱

對於人的信任不要全心投入，再親近的人也要有些保留，畢竟真正肯犧牲自己成全別人的人從來屈指可數。

所謂的絆腳石，往往是我們無法看見的阻礙。

石頭越大，我們越能清楚看見並繞道避開，反而是那些隱藏在草叢中的小石頭，因爲視線上的輕忽與雜草的遮掩，以致於我們經常在誤踩而跌倒後，才發現它僞裝下的眞實面貌，竟是個可怕的危機。

人心叵測，我們不僅要知道怎樣爲自己爭取權利，更要知道如何保護自己。雖然，對於我們所信任的人不必完全疏遠，對於身邊的人事物也無須刻意隔離，然而凡事都小心提防，確實是在這個僞善者大量出沒的社會中必備的認知。

艾咪一直都不明白：「為什麼同事們會嫉妒我？」

這個問題確實令人費解，因為她完全沒想到，因為有個「好上司」，反倒成為她人際溝通上的阻礙。

艾咪的上司理查斯是個極好的主管，不僅待人和善，而且對艾咪這個助手更是體貼入微。對於艾咪提出的意見，他不僅完全尊重而且樂於溝通，對艾咪的疼愛更是令其他員工嫉妒萬分。

像艾咪生日的時候，他從來都不會忘記送她一份小禮物，其他重要節日來臨時，他也不會忘記準備一份精美禮物給艾咪。

深受感動的艾咪心想：「我一定要更加努力。我想，只要我有好的表現，理查斯先生必定會幫助我爭取晉升的機會。」

不久，有個部門出現遴選經理的機會，艾咪的努力果然受到肯定，高層也曾召見她，並聆聽她的工作意願。

然而，充滿信心的艾咪最終卻希望落空。這不僅令艾咪百思不解，那些認為她

有著雄厚靠山的同事們也全部跌破眼鏡。

面對這個失敗，艾咪並未被擊倒，反而更加振作精神對自己說：「沒關係，繼續努力吧！艾咪！」

在此期間，理查斯先生也開始為自己的升遷而忙碌著，因為他盯上了副董事長的位子，對於艾咪的失望，他親切地安慰她：「我們一起努力吧！」

然而，無論艾咪怎麼努力，也不管理查斯先生怎麼大力相挺，艾咪始終都無法得到升遷的機會。

在一次又一次面談機會後，艾咪也一次又一次地承受失望的結果，最後更讓艾咪決定放棄了。

然而，就在她決定放棄後的某一天，她偶然發現一個真相。

原來，一直阻礙她坐上經理位子的人不是別人，正是她亦師亦友的好上司理查斯先生，正是這個受人尊敬的主管一直在暗中阻礙她的未來。

艾咪發現，每當其他部門主管向理查斯徵詢意見時，理查斯總是在一番讚揚後又暗示他們：「不過，艾咪還是有一些缺點，這個位置她恐怕還不適任。」

艾咪後來還發現，原來自私的理查斯是為了自己的晉升機會，而不願放手讓艾咪另謀發展。因為他自知，沒了艾咪的協助他根本無法坐上副董的位子，於是能力更勝於他的艾咪，便在理查斯暗中扯後腿之下，一直受困在小小的助理位上。

莎士比亞曾經寫道：「**雖然我不想有意詐騙世人，可是為了防止自己被人出賣，我必須學習並且活用這套手段。**」

人心險詐，千萬別天眞地以爲，那些主動向你伸出援手的人，就是自己生命中的貴人，那些對你好的人就一定是好人。否則，當你被出賣、被陷害時候，就只能欲哭無淚了。

仔細思考，我們不難發現，意外幾乎都是在人們最無防備的情況下發生。一如艾咪的情況，對於我們絕對相信的人事物，大多數人不僅不會有任何防備，還會有強烈的依賴，因爲「相信他」，所以我們從不心存懷疑。

問題是，生活中許多情況都令人難以預料，特別是難測的人心。於是，許多人都會像艾咪一樣，傷心地面對背叛與別有企圖的狡猾人心。

那麼我們該怎麼辦？

其實很簡單，只要我們謹記「防人之心不可無」的道理，多一點防備，便能少一點受騙。對於人的信任不要全心投入，再親近的人也要有些保留，畢竟眞正肯犧牲自己成全別人的人從來屈指可數。

計算越多，最終只會算計到自己

得的物質享受，很多時候反成了生活的重擔，害許多一直到終老也不知道快樂生活的滋味。

瑟蒂斯曾經譏諷地說：「人性只有一條通則放諸四海皆準，那就是口口聲聲自稱紳士的人，絕對不是紳士。」

因爲這些表面上看起來衣冠楚楚，滿口仁義道德的人，心裡都裝著一部精密的「計算機」，他們最常幹的事就是處心積慮地算計別人，想盡辦法要掠奪那些讓自己眼紅的東西。

但所謂「人算不如天算」，這樣的人算來算去最終還是算計到自己。據說這是天道定律，心存惡念的人，因爲糾結著心思鬥人，反而容易讓自己迷失方向，最後

因爲看不見自設的陷阱，而早別人一步掉入自己的囚籠中。

法國有位最長壽的老人名叫卡爾門，在他九十大壽的那天，有位名叫拉弗耶的律師，不懷好意的出現在老人家的門口。

他一踏進門就對卡爾門說：「我想向您租房子。」

其實，拉弗耶美其名要租屋，事實上是看中了卡爾門的這間房子，他技巧地設計了一份合約，看起來就像是一份遺產約般，上面寫著：「若卡爾門死了，那麼這間房子便歸拉弗耶所有；但卡爾門一日未死，拉弗耶便得按月支付五百美元的租金給卡爾門。」

每個月五百美元的房租是個不錯的收入，所以卡爾門笑笑地接受了。

另一方面，意圖不軌的拉弗耶也笑笑地簽下了合約，因為他心中正盤算著：「都九十歲了，看你還能活多久！」

原本拉弗耶以為不用多少時間，他便能擁有這幢房子了，怎料，卡爾門竟健健康康地活過了三十個年頭，這三十年來，拉弗耶日夜祈禱卡爾門快點死去，好讓他

能早日獨佔卡爾門的家產。

不久，這個賭局終於落幕了，七十七歲的拉弗耶在一九九五年的耶誕夜死去，在此同時，卡爾門卻正在參加一間大酒店為他提早舉辦的生日宴會。

大約再過幾天，便是他一百二十一歲的生日！

帶點黑色幽默的結尾，卻更加發人深省，生活爲何要有那麼多的算計心思？一天到晚只想著如何讓別人跌倒，卻不去深究自己爲何老踏錯了腳步，這樣的算計根本是本末倒置。

看著拉弗耶錯誤的算計，我們再一次地省悟「害人之心不可有」的道理，一心困在害人的視線中，我們怎麼能看見前方的道路呢？

其實，不切實際的後果，只會讓我們一再地錯失成功的機會啊！

人算不如天算，未來是不可預知的，一如故事中的拉弗耶以爲九十歲已是生命極限，怎料老卡爾門卻活得比他還長久，而且還比他快樂地享受了歲月。

還記得電視裡的人瑞擁有長壽的方法嗎？

有個老人說：「快樂就好，別想太多！」

是啊！多得的物質享受，很多時候反成了生活的重擔，害許多人一直到終老也不知道快樂生活的滋味，一如一天到晚詛咒卡爾門死去的拉弗耶。

那麼，你是否也聽見了拉弗耶的臨終省悟：「無私無慾的生活才是長壽的祕訣，更是幸福快樂地享受生命的方法啊！」

臨危不亂才能安渡難關

雖然人生難題很多，但我們也別太擔心，因為每一個難題都一定都會有個解答，只要我們小心應對，再艱難的問題也一定能找到答案。

每個人都希望能擁有神仙錦囊，能夠在我們最危難的時候，可以有未卜先知的答案來護身，只是神仙錦囊要到哪兒去找呢？

不必往高山上搜尋，更不必跑遍廟宇佛寺去祈求，因爲所謂的神仙妙計其實就在你的智慧裡。只要我們學會觀察，培養出臨危不亂的處事能力，那麼遇見困難，腦海中自然會躍出一個又一個絕妙的解決辦法。

卡特和雷根是美國著名的總統，雷根是在打敗前任總統卡特後才入主白宮。

巴黎的一家報紙曾聲稱挖到一則獨家消息，他們在「信不信由你」的內幕新聞裡寫著下面這一段故事。

一九八〇年，雷根當選總統後，即將卸任的卡特曾留給他三個標示號碼的信封，極其鄭重地對雷根說：「遇到緊急危難時，你不妨拆開這其中一封信，因為它將使你化險為夷。」

一九八二年，美國的經濟忽然出現危機，這個情況令雷根的聲望一落千丈，批評與質疑雷根執政能力的聲音紛起。

面對這麼緊張的局勢，雷根忍不住拆開了第一個信封，他打開一看，裡面只寫了兩個字：「罵我。」

聰明的雷根一點便知，從此，他不論出現在什麼樣的場合，都會用力地將美國經濟的爛攤子全歸咎於卡特：「這全是卡特種下的禍根，是他讓我們陷入這樣的困境，但是你們放心，一切很快地就會過去。」

沒想到這招果然靈驗，雷根的聲望漸漸地有了明顯的回升。

一九八四年，美國政府被財政赤字所苦，國會裡的責難聲不絕於耳。

這時雷根又拆開了卡特留下的第二個信封，上面寫著：「罵國會。」雷根再次依計行事，不斷指責國會阻撓他執行緊縮政策，也不斷讓國人知道，一切都得怪國會不配合，這一招果然再度奏效，國內對他的批評慢慢地減緩了。

一九八六年十一月，雷根暗中向伊朗出售武器，還將所得用於支持尼加拉瓜的反政府武裝，最後還鬧出「新水門事件」。這時，雷根在危急之中打開了第三個信封，信中卻寫著：「為下一任準備另三個信封。」

幽默的故事配合著幽默的雷根，果然令人玩味，卡特的三封信，充分地展現了他的政治智慧與哲思。

三封信三句話，卻讓雷根渡過一個又一個難關，無怪乎卡特總統要在最末向雷根明白指示，要為下一任準備另三封信，隱隱約約間，我們似乎也讀到了智者臨危不亂的預知能力。

在故事中，卡特要雷根懂得未雨綢繆的重要，更要懂得解除危機的辦法，第一任他將方法與技巧傳遞給雷根，下一任則要靠著雷根自己的悟性與智慧，為自己解

開一個又一個的難題。

將故事延伸出來，其中旨意不正是長輩們耳提面命的警語：「化解危機的最好方法，就是要能臨危不亂！」

雖然人生難題很多，但我們也別太擔心，因爲每一個難題都一定都會有個解答，只要我們小心應對，再艱難的問題也一定能找到答案。

不要對問題預設立場

面對問題，我們不能只從一條直線去思考，而是要周全地找出每一條可能的道路，然後在問題出現時，明快地挑出一條最正確的解決之道。

面對問題的時候，不要預設立場，而要讓自己的思路靈活一點。

著名的心理學家維克多．弗蘭克就曾經提醒我們從不同的角度看問題，他說：「生命中的每一種情境向人提出挑戰，同時提出疑難要我們解決，因此，很多問題的思考方式應該顛倒過來。」

因爲個人的成長習慣不同，也因爲每個人的立場不同，我們很習慣用自己的角度去面對問題，甚至用偏頗的主觀思維解決眼前的問題。

也因此導致許多人在現實生活中，因爲受制於預設立場的囿限，讓人與人之間

衍生出許多不必要的誤解。

著名的心算大師阿伯特．卡米洛，每天都會舉辦一場實力測驗，接受台下觀眾們的現場考驗，而且截至目前為止，大師從未被民眾考倒。

今晚，有位老先生上台挑戰，老先生坐在心算家的面前，緩緩地說出題目：「有一輛火車，載了二百八十三名旅客進站，這時有八十七位乘客下車，另有六十五個人上車。」

只見阿伯特．卡米洛滿臉輕蔑地笑著，而老先生則繼續說著：「下一站有四十九人下車，再來約有一百一十二人上車！」

而心算家仍微笑地點著頭，忽然，老先生加快了速度，飛快地出題：「再下一站，有三十七人下車，九十六人上車；而再下一站，有七十四人下車，六十九人上車。又過一站，有四十三人下車，七十九人上車！」

老先生忽然在這個時候頓了一下，阿伯特．卡米洛忍不住問：「結束了嗎？」

老先生搖了搖頭，故作神祕地說：「不，請您接著，火車繼續往前開著，到了

下一站，又下去了一百三十七人，然後有十七人上車，再下一站則是二十二人下車，六十八人上車！」

「啪！」老先生忽然拍了一下自己的大腿，接著說：「沒有了，卡米洛先生！」只見卡米洛滿臉自信地問：「您現在就想知道答案了嗎？」

出題的老先生點點頭，並笑著說：「當然！不過，我不想知道車上還有多少旅客，我只想知道，火車這一趟究竟停靠了多少車站？」

大家轉頭看著卡米洛，卻見他瞪大了眼睛，呆住了！

相信許多人和卡米洛一樣，打從老先先一開始出題，便鑽入了乘客數字的計算中，忽略了題目中可能暗藏的陷阱。

一道問題，兩件啓發，第一是，面對問題時，我們一定要先丟掉預設立場，因爲，一旦心中有了偏頗，不僅無助於問題的解決，也容易錯失了解決問題的第一時機。第二，即使是相同的一件事，我們都要從不同的角度去研究，如此一來，我們才能發現任何可能的答案。

丟掉預設的立場，並從不同角度看問題反而更能讓我們打開寬闊的視野，讓每一道難題迎刃而解。

聰明的人會讓思考多轉幾彎，並找出最適當的解決方法。面對問題，我們不能只從一條直線去思考，而是要周全地找出每一條可能的道路，然後在問題出現時，明快地挑出一條最正確的解決之道。

誠懇待人才能贏得信任

一個人誠不誠懇，有太多端倪可以看得出來，不喜歡別人這樣敷衍自己，我們就不應該用相同的態度去對待別人。

宋代大學者程頤曾經說：「以誠待人者，人亦以誠而應；以術馭人者，人亦以術而待。」

他所說的「術」，是指心機與手段。

當別人以權謀之術對待我們時，我們也只好這樣對待他，這其實無可厚非。但是，如果一個人的人生只剩下心機、手段，如果他沒有任何能以誠相待的朋友，那也實在太可悲了。

不過，「以誠相待」這四個字看起來容易，卻是很難辦到的一件事。

淳于髡是齊國人，以博學、善辯，能夠體察人的心思著稱。

當時，淳于髡的一個朋友在梁惠王府上當謀士，向梁惠王推薦淳于髡，說淳于髡是個難得的人才，不僅學問淵博，而且懂得治國之道，如果得到他的輔佐，一定能夠建功立業。於是，梁惠王準備召見淳于髡。

當淳于髡第一次被梁惠王召見時，梁惠王正在看馬。

那時，有人進獻了一匹從外地來的好馬，此馬與中原的馬匹很不相同，不僅個頭高，而且毛色鮮艷，讓梁惠王愛不釋手。此時，有人通知他淳于髡來了，只好戀戀不捨地讓人把馬帶走，令左右人等退出，回到坐位上召見淳于髡，可是他心裡仍想著剛才那匹好馬，不免心不在焉。

淳于髡見狀也不說話，只是呆呆站著，梁惠王看淳于髡如此反應，心裡納悶。

不久，梁惠王又召見淳于髡。這次，恰逢有人進獻了幾個歌妓給梁惠王。這幾個歌妓不僅長得漂亮，而且舞跳得更好。梁惠王還沒欣賞她們跳舞，就被她們的美貌吸引住了，兩眼直直盯著她們瞧。

當他聽到有人報告淳于髡來了的時候，他又讓舞女們退下，令左右人等退出，回到坐位上召見淳于髡。可是回到坐位上的梁惠王，腦子裡還在想剛才那些美貌的歌妓，臉上不禁泛起一絲笑意。

這次，淳于髡還是傻傻地站在那，一句話也不說。

這下子，梁惠王氣壞了，等淳于髡走了，就問舉薦淳于髡的人說：「你不是說淳于髡比管仲、晏嬰還要高明嗎？怎麼我召見了他兩次，他什麼也不說呢？」

這人把梁惠王的話轉告淳于髡，淳于髡答說：「我第一次見大王時，他剛剛看過一匹好馬，我的到來使他不得不讓人把馬牽走，但是他的心思還在馬上。我第二次被召見時，大王剛剛看過幾個絕色歌妓，還沒來得及欣賞她們跳舞我就來了，他雖然命歌妓退下，但是腦子裡想的還是歌妓，所以我什麼也沒說。」

舉薦人把這些話告訴了梁惠王，梁惠王驚訝地說：「哎呀，淳于髡真是聖人啊！竟能如此準確地揣度出我的心思，太厲害了！」

其實，用不著是什麼聖人，也應該能夠看得出來，梁惠王雖然召見淳于髡，可

是臉上一定是一副心不在焉的樣子，想必注意力都不在淳于髡身上。這是對對方的一種侮辱，賢能如淳于髡，又怎麼能夠忍受呢？

只是做做樣子，跟眞眞切切地放在心裡，是完全不同的兩件事。或許有些人自以爲很會演戲，可是，就像一句德國俗諺所說：「生活是騙不了人的。」

在我們身邊像這樣的例子實在不少。很多人自稱是朋友，卻只有空跟你吃頓飯，沒空回你一封電子郵件、沒空跟你講電話，吃飯的時候也總是談著自己的事情，讓你弄不清他到底眞是關心你？還是只想找人聊天、吃飯、談八卦？嘴上說「改天再見」、「再說再說」，其實就是「謝謝再聯絡」。

一個人誠不誠懇，有太多端倪可以看得出來，嘴上說得再漂亮，但究竟有沒有把對方放在心裡，其實明眼人一看就明瞭。

同樣的，既然不喜歡別人這樣敷衍自己，我們就不應該用相同的態度去對待別人，這樣只會讓對方降低對我們的評價與信賴。

體貼別人等於體貼自己

因為各自扮演的角色不同，很容易被自我的主觀意識所囿限，許多人因為堅持己見，導致不必要的衝突發生。

能夠爲別人著想其實是一件很快樂的事。當心中充滿著諒解、與人爲善的念頭時，心情必然開闊，我們自己當然成了最大的受益人！

擁有一顆願意體貼他人的心，那麼不管出現在眼前的事情多麼棘手，我們都一定能互相體諒，攜手將問題解決。

只要願意爲別人多想一想，我們便能讓生活中的每一件事都有美好的結果。

巴森士是一位稅務顧問。有一年他與一位政府稽查員因為一項九千元的問題帳

單，發生了一點小爭執，為此他們爭論了快一個小時。

因為，巴森士先生認為這筆九千元是一筆永遠支付不了的呆帳，因為關係人已經死了，所以他認為這筆款項無須納稅。

但是，稽查員卻反駁說：「呆帳？胡說八道，就算死了他也要繳稅！」

巴森士先生事後每當說到這裡，所有人對這名稽查員立即都產生了厭惡感。因為人們對於這些冷淡、固執又傲慢的稽查員向來沒有好感，而會下一個評注：「他真是個不可理喻的傢伙！」

所幸，事情並沒有在這裡就結束了。

最後，巴森士先生冷靜思考後，心想：「如果我們兩個再這麼辯論下去，只會讓事情越鬧越僵，這個性格固執的稽查員也一定會越來頑固。嗯，我還是先停戰吧！換個主題，如果對他專業能力多一點讚美的話，也許事情會有改變。」

巴森士先生靜思期中，原來的火爆氣氛很明顯地緩和了許多，特別是說了一段話後，兩個人竟慢慢地閒話家常了起來。

巴森士先生相當謙虛地對稽查員說：「我這件小事與你平日必須做出的大決定

相比，應該微不足道吧！其實，我也曾經研究過稅收的問題，但是我只能從書本中得到相關的知識，無法像你一樣可以從實務工作中獲得經驗。唉，身為一個稅務顧問，其實我很希望能像你一樣，從最基本的工作開始，畢竟這份工作是相當專業的領域，有了這樣的經驗更有助於我計算納稅的正確性。最重要的是，這樣的工作可以教會我許多課本上學不到的東西，是吧？」

稽查員聽見巴森士說得那麼誠懇，原來的情緒全都換成了感動。因為大多數人對稽查人員的態度不是冷眼相待，便是不屑一顧，沒有人像巴森士這樣尊敬他們的專業身份，也願意換個角度為他們著想。

聽完巴森士的話，稽查員立即從椅子上跳起來，接著滔滔不絕地說他的工作經歷，也提到了他曾經發現的舞弊情況。

慢慢地，稽查員的聲調變得越來越友善了，片刻之後，他的話題居然拉到了他的孩子身上。

分享完彼此的故事之後，稽查員在離開之前忽然對巴森士說：「我會再審慎考慮你剛剛提的那個問題。」

三天之後，稽查員親自出現在巴森士的辦公室裡，並帶來了一個好消息：「依照你所填寫的申請資料，我已經把這個案子辦理完成了。」

人與人之間哪有那麼多對立和爭執？各退一步眞的有那麼難嗎？

巴森士的退讓不正是最好的證明？無關讚美與客套，是他換個角度替別人想，然後才找出讓彼此可以各退一步的溝通空間。

在社會上，我們每天要面對多少人根本無法計數，唯獨一樣東西我們可以掌握住，那便是每一次與人溝通互動的機會。

巴森士與稽查員爲了稅務各自表述的例子，其實就像我們和他人的關係一樣，都是各盡其力，也各取所需。

然而，也因爲各自扮演的角色不同，因此很容易被自我主觀意識所囿限，於是在不同的角度中，許多人因爲堅持己見，導致不必要的衝突發生。

當巴森士從據理力爭的態度中退讓，轉而從稽查員的角度看這件事，他反而更能體會出稽查人員工作上的壓力與不得已之處。

再反觀稽查員，他在巴森士的體諒話語中，也慢慢地學會了將心比心，對於稅務顧問在納稅人的期望下，必須多爲他們爭取權利的心情，他也感同身受。

於是，故事結果便在兩個互相體諒的心意中圓滿結束。

所有的工作都不輕鬆，每一個堅守自己崗位的人，無不希望獲得肯定與體貼，因此當我們想擺著臭臉對人時，別忘了先想一想，換做是我們自己，遇見了這樣不禮貌且不體貼的動作時，工作心情難道不會大受影響嗎？

唯有「信賴感」能消除讒言

能擊敗謊言的不是「辯駁」、「真相」，而是「信任」，只有當別人對我們產生信賴感時，謊言的力量才會減弱。

古希臘文學家荷馬曾說：「罪惡有很多工具，但謊言是合適的工具。」謠言與謊言都是相當簡便的作惡工具。利用它的人不用多花成本，就能將一個努力、勤奮、認真的人所做的事、所說的話、所付出的努力全部抵消，可以讓他身敗名裂，將他打入絕望的深淵中。

因爲謊言的力量是如此強大，誰敢掉以輕心？只是面對他人的讒言時，我們又該怎麼應對呢？

古代打仗時，士兵們都會穿上戰裙，以保護自己的身體。戰裙雖然不可能完全抵擋住兵器的傷害，但至少可以減輕受傷的程度。在邾國，他們是用綢料來縫製戰裙。

有一天，公孫忌對邾國國君說：「大王，與其用綢料縫製戰裙，不如用絲繩縫製。士兵穿的戰袍、戰裙之所以堅固，原因就在於它沒有縫隙，可是現在用綢料縫製的戰裙雖沒有空隙，但只能經得起一半的攻擊力量，不能完全保護士兵的身體，不過，如果用絲繩就不一樣了。因此，只要我們認真研究、做工仔細，用絲繩縫製出的戰袍就能夠禁得起全部的攻擊力量。」

邾王認為公孫忌說得很有道理，點頭表示贊許，又接著問：「這辦法聽起來的確不錯，可是要怎麼做才能得到這種絲繩呢？」

公孫忌說：「若光憑軍隊生產，恐怕短時間內無法做出這麼多戰裙，所以我們不如發動全國的百姓。只要大王您下令提倡生產這種絲繩，到時候等他們生產出來，國家出錢收購，百姓自然會樂意去生產絲繩的。」

邾王於是下令官府製作戰裙時，一定要用絲繩。

公孫忌的建議被大王採用，心中自然很興奮，也勸自己的家人都生產這種絲繩，就連他的夫人和母親也都如入生產絲繩的行列。

可是，朝中有些和公孫忌不和的官員，看到公孫忌全家出動，都在編絲繩，就產生了猜疑心。

他們心想：「這個老狐狸，騙大王說用絲繩製戰裙好，其實是為自己謀福利罷了，無非是想多賺點錢嘛！」

於是，這幾個平日與公孫忌不合的官員就去拜見郲國國君，他們說：「大王，公孫忌之所以向您提議用絲繩編製戰袍，是為了讓他家人多賺點錢啊！您看，他們全家老少都在編絲繩呢！就連他八十多歲的老母親都在編！您想如果不是有利可圖，他們全家人怎會如此熱心呢！」

郲王聽到這話非常不高興，說道：「我最討厭表裡不一的人了，公孫忌竟敢欺騙我，實在太不知好歹了。」

於是，郲王下令不再用絲繩製作戰裙，還免除了公孫忌一年的俸祿。

我們寧可相信公孫忌當初向君主建言時，應該是無心謀利的，他只是就事論事，希望能爲國家帶來進步，其心應該無私。

然而，那些與他不合的人，卻利用他一家都在編絲繩這一點，反咬他其實是爲自己的利益而建言，背後的動機完全是爲了圖利自己。

面對這樣自由心證的情況，最後國王採信了讒言，這雖然有些欠缺考慮，對公孫忌來說也很冤枉，但是這世上的事，不就是這樣嗎？

美國的小說家馬克吐溫曾經很生動地譬喻說：「謊言已經旅行了半個世界，真話才在穿鞋，準備出發呢！」

當人們對彼此的不信任大於信任時，謊言流傳的速度會比什麼都快。

若不要讓人說我們圖利自己，就不要去做那些有嫌疑的事；若要別人相信我們，平常就應該坦誠待人。

能擊敗謊言的往往不是「辯駁」、不是「眞相」，而是「信任」，只有當別人在日常生活中，能對我們產生信賴感時，謊言的力量才會減弱、消失。

嘴巴長在別人身上，我們沒有辦法管別人「說什麼」，我們所能做的，只有讓

別人「相信」，用我們的努力與誠意去說服對方，使對方相信我們的人格，進而相信我們的言行。

唯有如此，才能免受小人讒言之害。

PART 5.

與人溝通要懂得投其所好

每個人都有機會表現自己，
也有更多要讓步以求全的時候。
對此我們不必懷抱不滿，
因為在我們成功之前，
首要學習的正是犧牲和退讓的睿智。

每個人都能算出自己的將來

知道自己的路要怎麼走，絕對比命理師告訴你該怎麼走來得重要。相信自己可以怎麼做，也絕對比相士們恐嚇你不准做來得實在。

人生的路要怎麼走，我們早已知道。與其拿著八字準備找高人論命，不如放下手中的生辰八字，認眞面對自己中的夢想希望吧！

因爲，再多的鐵口直斷，最終仍然要靠我們自己證明其中眞假；無論好壞，這條路我們始終都要親自走過，人生的方向盤始終掌握在你我的手中。

有一個面相專家相術十分高明，不過鐵口直斷的他卻有張不善變通的嘴。無論相面者的情況如何，他一律不加潤飾，直言說出。來算命的人經常因為他的話太過

直接而和他起了爭執。

就像這天，當地有個慕名而來的鄉紳也來找他看相。只見相士看了許久之後，緩緩地說：「大人耳小頭禿，唇翹齒露，就像……」

不知道什麼原因，相士忽然停在這裡，接下來的話想必令人不舒服。然而，好奇心已經被挑起的鄉紳，卻不住地問他：「像什麼？你快說啊！別賣關子了，你放心直說無妨，只要您說中了，必定重金答謝。」

相士問：「是嗎？直說無妨？」

「是啦！到底像什麼？」鄉紳著急地問。

「像隻猴子！」相士大聲地說。

只見鄉紳滿臉漲紅地怒道：「猴子？」

「是啊，是您要我直說的！」相士立即為自己辯護。

但是，被狠狠嘲諷的鄉紳卻怎麼也不能接受：「那又如何！你這個四處騙吃騙喝的江湖郎中！來人啊！給我綁起來，狠狠地痛打這個可惡的騙子！」

管家眼見苗頭不對，立刻對相士說：「哎呀！你這個人怎麼這麼不識相，我家

老爺從來只聽奉承話，只要你立即再說幾句好聽話，不僅能免去這頓棍棒，說不定還有豐厚的賞錢可拿呢！」

相士點了點頭，接著向管家哀求說：「只得勞煩管家您為我求情了，請老爺讓我重新看一次吧！」

管家點頭，便向老爺稟告：「老爺，那個相士剛剛因為被老爺的威儀所嚇，一時緊張，以致於相錯了結果。懇請老爺大發慈悲，再給他一次機會吧！」

鄉紳一聽，只得命令道：「好吧！把他放了。」

不一會兒，相士跟著管家，再次來到鄉紳的面前看相。

但是，相士左右端詳了快半個時辰，最後竟然說：「您還是把我綁起來吧！因為老爺的面容真的很像一隻猴子啊！」

看著鄉紳聽見「實話」的窘態，想必許多人忍不住大笑吧！

許多喜歡上面相館的人不正是這樣，聽見好聽的話便會直呼「好準」，如果直指其缺點，嘴裡必定嘀嘀咕咕著：「根本是在騙錢的！」

其實，命理世界原本充滿欺騙，那裡不只存在著騙人的把戲，更不斷地上演著自欺欺人的戲碼，不是嗎？

故事中的鄉紳聽見相士直言不諱，不僅不能接受，更沒有勇氣面對自己的短處。這就像曾經求助命理師的我們，對於命理師口中的論斷，不也淨挑心中所盼望的來聽，對於與心中願望完全相違背的建議，幾乎在走出大門時便全部忘了？

我們看著故事中固執的相士，也發現了生命的寓意：「原來再多的論命，始終都敵不過人們心中的主觀希望！」

因此，與其聽命理師怎麼說，不如靜下心，仔細聆聽我們心中的聲音。知道自己的路要怎麼走，絕對比命理師告訴你該怎麼走來得重要；相信自己可以怎麼做，也絕對比相士們恐嚇你不准做來得實在。

與人溝通要懂得投其所好

每個人都有機會表現自己，也有更多要讓步以求全的時候。對此我們不必懷抱不滿，因為在我們成功之前，首要學習的正是犧牲和退讓的睿智。

所謂「投其所好」，並不是要我們表現出諂媚迎合的阿諛態度，而是要我們明白溝通圓融的要訣。

因爲，很多時候能夠技巧性地正中對方的下懷，才有助於彼此繼續交流討論的意願，也才能更進一步地讓我們規劃許久的目標，在最好的溝通氣氛中，找到最佳的推展時機。

歷史學家指出，以「變法革新」留名青史的商鞅，事實上最初所提出的變法主

張，並非今天所留傳的內容。

那年他初到秦國時，雖然秦孝公正雄心勃勃地想要重振霸業，更積極地想收復失土，然而備受禮遇的商鞅，在拜謁孝公時卻大談堯、舜時期的「帝道」，對於這些沉悶又乏味的陳腔濫調，秦孝公一點興趣也沒有。

最後，秦孝公猛打瞌睡，事後還責怪推舉的景監說：「你推薦的那個人哪有什麼才智？根本只是個好說大話的人！」

無端挨罵的景監，一看見商鞅便惱怒地說：「你到底對大王說了些什麼啊？」

商鞅回答說：「我很用心地進獻帝道，可是大王怎麼也無法領會。」

五天之後，商鞅再一次面見秦孝公，這一次他將帝道好好地修飾了一番，但還是無法打動秦孝公的心。

當然，景監再一次被秦孝公指責，這也讓他對商鞅的怒火越燒越大了。

雖然商鞅解釋道：「我向國君推薦了夏、商、周三朝的治國之道，不過他仍然不肯接受。這樣好了，請您再幫我一次，這一回我一定會讓大王滿意的。」

景監嘆了口氣，無奈地說：「好吧！不過，你要記住一點，你如果再提不出良

策，我恐怕也玩完了！」

這一次，商鞅果然與秦孝公談得十分投機。

雖然秦孝公並沒有表示要任用他，但是口氣也已經緩和許多。他對景監說：「你這個客人還可以，有機會可以再聊聊。」

景監一聽，開心地問商鞅提了些什麼意見，商鞅說道：「我只是和君王聊了些春秋五霸以武力強國的道理。看來大王對此相當感興趣，如果我能夠再和他見面一次，我很有把握能讓君王重用我。」

於是，景監又安排了一個機會給商鞅，這回商鞅果然如他自己所預期的，與秦孝公對談融洽。這一次，他們還徹夜長談呢！

這個結果令景監十分好奇，問道：「商鞅，你和大王說了些什麼啊？」

只見商鞅笑著說：「大王希望國家能夠早一點富強起來，因此我向他進獻強國之策，他聽得十分開心。」

不久，商鞅終於被秦孝公所重用。在他掌握實權大行變法革新之後，秦國很快地晉升富強之國。

從帝道論述到富國之術，原先不被看好的商鞅慢慢地修正自己的腳步，也慢慢地探測秦孝公心中真正的想法。

這個過程對於想一展長才的商鞅來說，是個非常重要的調整步驟。如果他一味地堅持帝道哲學的論述，卻忽略了掌政者對於國家目前方向的期望，那麼無論他提出的方針多麼崇高宏觀，對秦孝公來說不僅過時而且不切實際。

所幸，觀察敏銳且悟性甚高的商鞅，幾經修正與試探之後，終於掌握住秦孝公的期望。於是，他爭取到最後一次機會，也讓孝公對於國家富強的積極行動計劃充滿了興趣與期待，進而願意延攬商鞅，成爲秦國拓展國勢的重要大臣。

從故事中，我們看見一個思考靈活的智者，不拘泥於正統的學識研究，將所學大膽地加以變化。

他懂得深入了解對方的需求，更知道要調整計策以期正中對方心懷。如此一來，他的計劃也才能夠眞正地獲得實踐的機會。

對於努力尋求伯樂賞識，使才能可以得到支持與表現的人，看見了商鞅的變通

之後，是否也得到了一些啓發呢？

在這個競爭激烈的現代社會中，每個人都有機會表現自己，然而也有更多要讓步以求全的時候。對此，我們不必懷抱不滿，因爲在我們成功之前，首要學習的正是犧牲和退讓的睿智，一如商鞅的成功模式。

旁敲側擊是絕佳的溝通技巧

想解決問題時，我們可以多繞個彎，從旁觀察事情的進展，在過程中不斷修正修補其中缺失，好讓最終目標能圓滿達成。

微笑是與人交流最好的方法，冷靜則是與人溝通時重要的態度。因為情緒化無法解決問題，更無法建立和睦的人際關係。

舉例來說，當你想和朋友溝通問題時，你都是直接告訴他「你應該這麼做」的命令句，或是用「你認為該怎麼做」的疑問句來尋求認同呢？換作是你，在這兩句話中，你比較喜歡哪一句？

與人溝通時，一旦感覺不對了，自然出現阻礙。反之，只要人們能感受到你的誠意，即使裂痕已經產生，最終也能在巧妙的溝通技巧下縫合的完美無缺。

由於父母在一場意外中死去，小男孩只好到唯一的親叔叔家中寄養。小男孩非常受到叔父叔母的疼愛，因為聰明伶俐的他經常扮演家中的溝通橋樑。

這天，他看見叔父滿臉鬱悶的表情，忍不住問道：「叔叔，您怎麼了？」

叔叔看著小侄子，嘆了口氣道：「唉，哥哥雖然已經走了，但是至少還有你這點血脈傳承。可是，我到現在膝下猶虛，無一兒半女，想納個小妾以傳宗接代，無奈你嬸嬸就是不答應。」

小男孩認真地聆聽叔叔的煩惱後，對叔叔說：「叔叔，您別擔心，我會想出法子來說服嬸嬸的。」

第二天早上，小男孩找來了一把量尺，接著裝模作樣地在後院裡量起地皮來了。

這個奇怪的舉動當然也引來了嬸嬸好奇的目光。

只見嬸嬸走出屋外，對小男孩說：「你在做什麼？」

「我在量地，看看有多大！」小男孩頭也不抬地隨口回應，看起來他似乎很著急地想快些把這件事完成。

嬸嬸吃驚地問道：「量地？你量地做什麼？」

聽見嬸嬸著急的聲音，男孩這才停下手中的工作，帶著驕傲的神情對嬸嬸說：「嬸嬸，我在為自己的將來做準備啊！妳想想，妳和叔叔總有一天會老，而你們又沒有兒子，這間房屋將來肯定是我的了。所以啊！我想現在先量一量，等將來拿到手後，就可以隨心所欲地改造了。」

嬸嬸一聽，吃驚地說不出話來，她瞪大了眼看著這個小孩，心想：「這小鬼居然在覬覦我們的家產。不行，我一定要告訴相公。對了！上次他提到納妾之事，得叫他快找媒婆來才行。」

聰明的小男孩緊捉人性弱點，輕鬆引誘嬸嬸上當。畢竟對嬸嬸來說，小男孩始終是別人的孩子，因此一發現小男孩別有企圖，嬸嬸當然著急了。

深諳人性心理的小男孩，只以小小的量地動作，便讓嬸嬸心甘情願地接受叔叔納妾。只因他知道，人們一旦遇到利益的衝突，大多都會選擇維護自己的利益。一如故事中的嬸嬸，爲了維護家產，她選擇了退讓，接受丈夫納妾。

這是一個絕妙的溝通技巧，不需要長篇大論的分析說理，只用一個小動作，便能迫使嬸嬸積極「領悟」，領悟她將來恐怕會面臨無後的危機。

因此，想與人溝通時，我們應當懂得拿捏進退，更要學會旁敲側擊的技巧。想解決問題時，我們可以多繞個彎，從旁觀察事情的進展，在過程中不斷修正修補其中缺失，好讓最終目標能圓滿達成。

與人溝通的方法其實不難。只要我們肯花點心思，懂得按捺自己的情緒，那麼無論多麼固執的對手，也一定能在我們的溝通智慧中點頭答應。

養兵千日正為了成就關鍵時刻

耐心等待，只要你有能力就不怕沒有表現的機會。能力一定要充實，如此才能在最重要的時刻為生活創造奇蹟！

不要輕易讓尚未累積完成的能力曝光，因爲，心浮氣躁的結果，只會讓我們身邊的機會不斷溜走。

所以，別處處張揚自己的能力，也別急著四處表現自己的才情。聰明的人都知道一個道理：「養兵千日，正是為了成就人生中最關鍵的一刻；等待機會，正是為了能抓緊人生中足以扭轉乾坤的時機。」

已經七十好幾的龔遂被漢宣帝任命為渤海太守，經過他幾年的治理，社會安定，

百姓更是安居樂業，溫飽有餘。

龔太守從此聲譽遠播，漢宣帝聽聞後更召他入朝嘉勉。

當龔遂準備上京前，在他門下有個姓王的屬吏也要求同往，他還對龔遂說：「我去對你會有好處。」

不過，其他人這時卻群起反對：「大人，這個人每晚都喝得醉醺醺的，還是個好說大話的人，您千萬別帶他去啊！」

然而，龔遂卻一點也不在意，淡淡地說：「算了，他想去就讓他去吧！」

來到長安之後，這個王先生果然如眾人所說的，終日沉溺於杯中物，連龔遂命人找他，他也懶得現身來見。

直到有一天，龔遂準備上朝面見皇帝時，王先生才來到龔府門口，請看門的人通報：「請大人來這兒，我有話要對他說。」

龔遂看見渾身酒味的王先生，搖了搖頭說：「先生，多保重身體啊！」

王先生對他的搖頭歎氣並不以為意，劈頭便問道：「大人，如果皇上問您如何治理渤海，您要如何回答？」

龔遂說：「我會回答：任用賢才，並讓他們各盡其能，處理政務與治民之道，則在嚴格執法，賞罰分明。」

沒想到，王先生對這個答案卻連連搖頭，建議說：「不對！不對！這麼說豈不是如同自誇其功嗎？大人應該謙虛地回答『這不是小的功勞，這一切全靠皇上的英明神武所感化』才是。」

龔遂點了點頭道：「良策！」

於是，龔遂照著王先生的意見回應。漢宣帝一聽果然龍心大悅，立即決定留龔遂在身邊，並派任了一個重要卻又十分清閒的官職給他。

眞正的能者不會處處張揚自己的才情，更不會處處表現自己的智慧。因爲對他們來說，人生有許多重要時刻，眞正的實力也應當保留至關鍵時刻來發揮。

一如看起來像個無用醉鬼的王先生，在重要時刻一鳴驚人，讓正面臨到人生轉折時刻的龔遂，因爲這個聰明策士而獲得新生。

對龔遂來說，這個醉鬼是「養兵千日，用在一時」。

反觀許多能力尚未築成卻急於表現的人，每每因爲自信過頭，以致自曝其短而不自知，對於自己名列「能力不足」之中更是渾然不覺。

其實，只要我們實力充實，就不怕自己沒有發展的空間。

耐心等待，只要你有能力就不怕沒有表現的機會。能力一定要充實，如此才能在最重要的時刻爲生活創造奇蹟！

職場裡不可少了「尊重」

無論我們受到多少委屈，也不管我們的才智有多高，我們待人始終都得謙謙有禮，對於上司更要謹守本份與尊重。

在辦公室裡無論我們坐在什麼樣的位置上，無論身份距離有多遠，假如我們希望彼此能溝通無礙，更希望職場有雙贏之局，那麼在這個辦公室裡的每一個人都一定要學會「尊重」這兩個字。

因爲，人與人之間一旦少了「尊重」，便很容易陷在個人的情緒中，以致於經常與周遭的人發生衝突。

人與人相處的時候，一旦少了尊重態度，我們更會處處受制於私我的慾念，以致於經常發生錯誤的判斷。

喜歡舞文弄墨的乾隆皇，每次出遊時幾乎都會在該地題字。因此，在大江南北，處處都可以看見題有乾隆兩個字的匾額。

據說，有一次乾隆皇在金山寺遙望長江，看見白鷗點點、江水滔滔的美景，忍不住技癢，開口說要賜該寺院一個匾額。可是在他提起筆後，卻讓筆鋒懸在半空良久，因為這位大才子的思路被困住了，此刻是空有情感卻無靈感，腦袋裡呈現一片空白。

只見他尷尬地環顧左右，看見大臣們一雙雙直勾勾瞪來的眼睛，心想：「如果就此擱筆，那多難堪啊！但是，如果隨便寫一個，一旦匾額掛了出來，必定會被天下人嘲笑，賜匾之事又是我自己開口的，唉，這可怎麼辦才好？」

突然，乾隆皇靈機一動，他先是站了起來故作思索狀，接著坐回書桌前故作疾書，接著他迅速地將紙張遞給近在身邊的紀曉嵐。

「紀愛卿，您覺得如何？」乾隆問道。

紀曉嵐把紙打開一看，竟然是張白紙，上面連一點墨漬痕跡都沒有，不過聰明過人的紀曉嵐立即明白皇帝的意思，因此他專注地看著白紙，故作沉吟。

忽然，他大聲地說道：「皇上，這真是妙句，好一個『江天一覽』啊！」

由於紀曉嵐的神情十分真切，那驚奇的神態當場震懾住其他人，聽見紀曉嵐力讚皇上的「江天一覽」，立即有人出聲讚揚：「的確氣勢磅礴！」

其他人聽了，也跟著同聲賀道：「皇上聖才，這四個字真是貼近此情此景，氣勢非常，真是太好了！」

乾隆一聽，只有微笑不語，因為他正驚嘆於紀曉嵐的才智與應變能力。待回神後，他才將這幾個字正式寫在白紙上。

對乾隆來說，身邊能有這麼一個不必明示便能讀懂其心，還懂得謹守本份，不掠人之美的臣子，當然讓人寵信有加。因此無論是在歷史故事中，還是傳說於民間的軼聞，紀曉嵐與乾隆皇的故事都是互敬互重、相知相惜的君臣情誼。

將故事中的角色延伸，不難發現，像這樣的君臣關係正如辦公室裡的主管與員工關係。

相信許多人都曾經埋怨過公司裡的老闆或員工，也一定曾和其他人一起辱罵過

身邊的主管或同事，只是有多少人想過，當辦公司中的氣氛一直充斥在這樣的對立與不滿之中，公司的未來會有多少前景可言？此外，我們自己的晉升或加薪希望，又能有多少提升空間呢？

其實，職場中眞正的委屈不多，一般而言，有的也只是我們因爲際遇不如人，於是牢騷滿腹，進而導致自己的工作情緒與處世態度有了偏差，這當然會讓自己的表現越來越難讓人肯定了。

紀曉嵐在故事中告訴我們「會意」與「成全」的重要。其中意涵不僅是一個智者的謙讓，更蘊含著人際間從屬關係中，最基本待人處事的尊重態度。

在風光當官並以機智聞名的紀曉嵐身上，我們更學到了一件事：「無論我們受到多少委屈，也不管我們的才智有多高，我們待人始終都得謙謙有禮，最重要的是，對於上司更要謹守本份與尊重，因為想要獲得主管的欣賞與信任，便要從我們自己做起，先學會尊重與欣賞他們的好。」

待人處世要多用「寬」字

對於身邊的人的付出與努力，我們應該多一點鼓勵和支持，少一點嘲諷與譏笑。不管結果成功或是失敗，沒有人不希望得到多一點安慰和肯定。

不要老想挑剔人的短處，因爲「雞蛋裡挑骨頭」只會讓自己挑回一擔擔的「尷尬」，結果不僅傷害他人更傷目己。

因此，待人接物要用寬闊一點的胸襟去容納人生百態，規劃生活則要從更遠更寬的視野中尋找未來。

懂得「寬」字的生活秘訣，我們才能擁有多彩多姿的人生閱歷，生活不能太一板一眼，能多一點靈活變化與寬度，我們才能眞正地享受到生命的美妙滋味。

有個圖書業務員正在廣場上推銷公司出版的各種圖書，他生動活潑的行銷方法，很快地吸引了許多聽眾。只見業務員仔細地介紹一本本圖書，每一本書都很清楚地分門別類，專業的他不僅能舉出某一類書中的經典，還能隨手拿起任一本書籍，仔細地分析其中的重要環節。

比如說，當他手中拿起一本電腦圖書時，他就會將現今所有相關的電腦資訊一一連繫。如果他拿到的是一本文學書，那麼他不僅會詳細解說作者創作的寓意，還會將相關的文學作品一塊兒融會帶入，讓人們不只有認識他手中的這本書，還會對其他的文學圖書產生好奇。

當現場聽眾著迷於口若懸河的推銷中，人群忽然有個人問道：「請問賣書的，這些書你全都看過了嗎？」

推銷員笑了笑，隨即反問道：「請問您是做什麼工作？」

那個人回答：「藥劑師。」

於是，推銷員說：「藥劑師啊，您會不會親口嚐過自己所賣的藥呢？如果沒有嚐過的話，難道你都會先試一下嗎？」

觀眾們聽見他的機智回答，全忍不住哈哈大笑。

無論業務員的反問是否有取巧的意圖，故事中眞正的旨意是「學習體諒」。賺錢辛苦是每個人都能體會到的感受。因此，對於身邊的人的付出與努力，我們應該多一點鼓勵和支持，少一點嘲諷與譏笑。不管結果成功或是失敗，沒有人不希望這一路走來的辛苦付出，得到多一點安慰和肯定。

換個角度說，當你看見夜市中認眞打拼的人揮汗推銷時，可以不用激起同情心，掏錢買下不需要的東西，但也不能故意大聲地嘲諷產品不中用！

不要老是想給人難堪。將心比心，生活轉個場景，換作是我們自己，面對這樣有心的找碴，相信沒有人會感到愉快。因此，遇見這些努力生活的人，請默默地爲他流下的汗水鼓掌，因爲掌聲中飽含著我們對人的關懷與尊重。

沉默是為了等待最佳的發言時機

許多心理高手面對競爭激烈的環境，保持沉默用以降低對手的防備，看似退讓或接受，其實暗藏積極行動的企圖心。

不能謹言慎行，當然會一再地遇見麻煩，不能按捺自己的情緒，人際間的口角風波當然會一再地上演。

當我們生活在這些麻煩與口角爭吵之中，日子會快樂嗎？

「沉默」常伴隨著「忍耐」。因此沉默不是害怕的表現，在很多時候它更代表著一個人的修養風範，也隱含了一個人懂得在靜思後再審慎發言的智慧。

曾經有一位準備退休的印刷業老闆，在脫售公司各種事務機器時毫不遲疑，唯

獨對一組從美國原裝進口的印刷機器割捨不了，因為這組生財工具當初花了他好幾百萬美元的成本。

老闆仔細地看了看機器，心想：「這組設備還很新，除了有些小磨損，其他功能仍然極佳。雖然已是二手貨，不過應該還有二百五十萬美元的價值吧！」

幾經估算之後，老闆決定要以這個價錢出售：「二百五十萬美元，不二價！」

消息一傳出去之後，許多同行的買家紛紛與他接洽，這其中當然不乏一些要求減價的人。然而，態度強硬的賣方老闆說什麼也不願意降價，他說：「你們都知道機器的功能與印刷品質，這個價錢已經很合理了，你們可以比較一下目前市面上其他的印刷機器，許多新機的品質恐怕還不如這一台呢！」

不久有個挑剔的買家出現，他一進門，連售價都沒問，便滔滔不絕地批評起這台機器的缺點與不足，話鋒尖銳，幾乎快惹惱了賣方老闆。

正當老闆的情緒就要爆發前，忽然一個轉念：「算了，反正二百五十萬元的底價我是不可能退讓的，既然他不識貨，就隨便他說吧！」

按捺住情緒後，老闆始終不發一言，靜靜地看著那個人口沫橫飛地說著，直到

他再也沒有力氣大聲說話為止。

停頓時，老闆還是沒有說什麼，只有擠弄一下臉龐，表現出一副無可奈何的神情。沒想到就在這個時候，這個人居然說：「老兄，你這台機器我只能支付你三百五十萬元，再多就沒有了，你看如何？」

賣方老闆一聽，先是吃驚地看著他，領會之後，故意地裝作無可奈何的表情說：「好吧！成交了！」

所謂的「沉默是金」，並不是意味著完全不開口說話，更不是要我們成天板著面孔，態度冰冷地與人交往，而是要懂得抓對時機保持「沉默」，並學習選對時間、場合開口說話。

懂得適時適度地運用沉默，不僅是一種智慧，更是一種藝術。就像故事中的老闆，在隱忍與靜默的交易過程中，用沉默賺到了更多的回饋。

其實，許多心理高手最常使用的競爭技巧，正是「沉默」這張牌。面對競爭激烈的環境，他們保持沉默用以降低對手的防備，看似退讓或接受，其實暗藏積極行

動的企圖心。眼前的沈默並不是因爲他們害怕或是退讓，只是他們比對手更懂得什麼叫作「伺機而動」。

我們都知道「言多必失」會帶來不必要的麻煩，更清楚話說得太快很容易引來不必要的危險。一旦少了大腦的深思熟慮，話多不但無助於人與人之間的溝通，反而更容易造成不必要的衝突。

因此，忍住你的脾氣，心中的目標既然已經決定了，就不必與人多起爭執。如果他們不滿意眼前的一切，不明白你的目標方向與計劃，那麼就不必再說什麼，因爲他們始終都不會明白。

用幽默感化解生活危機

幽默的功力，不僅可以讓人們化干戈為玉帛，更能讓原來的是非變成了笑談，輕輕鬆鬆地把大事化小。

具有幽默感的人必定是個萬人迷，懂得自嘲技巧的人，也經常是人們最歡迎的合作對象。因爲幽默感不僅可以化解人際之間的尷尬，更能讓我們身上展現出一份無法隱藏的自信風采。

幽默是征服人心的力量，小小的幽默就可以化解生活危機。

因爲懂得幽默感的人，最不喜歡看見愁眉苦臉，因此他們會隨時地提醒自己：「用微笑面對生活，用陽光心情面對人生，如果拿自己開玩笑可以換得更多的笑聲，那麼讓自己出一下糗又何妨？」

著名畫家張大千先生臉上的大絡腮鬍，早就成為他的代表特徵，他的言談也每每展現藝術家的幽默感。

這天，他和幾位老朋友一塊吃飯，席間有個朋友要求每一個人要講一個笑話。只是不知道怎麼了，好幾個人像是商量好了一樣，居然一連講了好幾個嘲笑大鬍子的笑話。

後來，張大千聽出了朋友們是故意開玩笑的，因此他一直沉默地帶著微笑聆聽，沒有插嘴。等到大家都講完了故事時，他才清了清嗓子說：「來來來，我今天也要講一個關於大鬍子的笑話。」

朋友們聽見張大千這麼說，臉上紛紛出現既尷尬又吃驚的表情，因為他們以為，當大家都選了關於鬍子的笑話之後，張大千應該會把話題岔開，轉移大家的注意力才對，沒想到他竟然還要講「大鬍子」的笑話！

只見張大千親切地說：「三國時候，關羽在麥城一役中吃了敗戰，後來更不幸被吳國士兵所殺，他的好兄弟張飛報仇心切，一時大意，酒醉後也被殺了，眼見二

位兄弟都被殺害，劉備大怒之下決定興師討吳。

當時，關羽的兒子關興與張飛的兒子張苞都在軍中，也一心要為父親報仇，因此兩個人爭著要當先鋒，這令劉備十分為難，不得已出了道題目考他們：『你們兩個各自說出自己父親生前功績，只要誰父親功勞多，我就讓誰做先鋒。』

張苞一聽，立即不假思索地說：『父親當年三戰呂布，喝斷當陽橋，夜戰馬超，鞭打督郵，義釋嚴顏。』

關興一聽，心想這個頭功居讓讓他搶了去，一著急居然又口吃了起來，他支吾了半天才說了一句：『我父五絡長髯……』

然後，他便再也說不下去了，沒想到就在這個時候，關公竟然顯靈了，他站在雲端上，聽見兒子只說出了這一句話，氣得大罵道：『不孝子！老子生前過五關斬六將，溫酒斬華雄之事你不說，偏偏要在老子的鬍子上做文章！』」

張大千的故事說到這兒便說不下去了，因為在座的朋友聽到這裡，全都忍不住笑得人仰馬翻了！

幽默的張大千藉著三國故事中的人物，來指正朋友們的玩笑開過頭，當然也順勢化解了自己的尷尬。

其實，這是一個很體貼的舉動。張大千希望朋友們能尊重他的大鬍子，不用直接的批評來告誡朋友，而是用幽默的方式輕巧帶出心意。就像他說到關公怒斥關興不說偉大事蹟，偏偏挑他的五綹長髯來誇耀的那一段，其中他也意有所指，怪朋友為何不找其他話題，偏偏要拿他的大鬍鬚來八卦。

從中，我們領略到幽默感的功力，不僅可以讓人們化干戈為玉帛，更能讓原來的是非變成了笑談。因此，學習幽默感，不僅能讓生活變得有趣，更能讓我們輕輕鬆鬆地把大事化小，小事化無！

PART 6.

姿態放低才能受人歡迎

謙虛的態度，能讓他人甘心為我們所驅策。
要放低姿態才能為自己的事業與
理想開拓更為寬廣的道路。

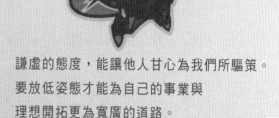

迎合上意不見得就會順利

沒有十足十的把握，不要刻意去曲迎、討好當權者。遠離權力、利益鬥爭中心，就是一般小老百姓最好的自保之道了。

中國古代有一句老話叫做「伴君如伴虎」，意思是說君王的好惡變化不定，有時候他能給你很大的利益與好處，有時候一不高興，又要斬你的頭，所以當臣子的，就好像是伴在一頭猛獸旁邊一樣。

的確，待在當權者身邊，固然可以享有極大的利益，但是也可能遭遇極大的危險，進退之間，有許多必須好好拿捏的微妙之處，必須懂得臨機應變，否則稍一不慎，很可能就會危及自己。

古代，人們將那些流浪四方、賣藝為生的人叫「蘭子」。相傳，宋國有一個行走江湖賣藝的蘭子，去求見宋元君，希望自己的表演能得到宋元君的重用。這天，宋元君接見了他，並讓他當眾表演技藝。

這個蘭子把兩根比身體還長一倍的木棍綁在小腿上，隨後邊走邊跑，同時手裡還耍弄著七把寶劍。

他一邊用右手接連向空中拋出寶劍，一邊用左手準確無誤地去接不斷下落的劍。七把亮晃晃的寶劍在他手上從右到左、有條不紊地輪番而過，空中則總有五把寶劍像一個光圈似的飄然飛舞。

宋元君看了這令人眼花撩亂的技藝表演，非常吃驚，連聲喝采，旁邊圍觀的人也無不拍手叫絕。

宋元君十分開心，馬上叫人賞賜給這個賣藝人金銀玉帛。

不久，又有一個會耍「燕戲」的蘭子，聽說宋元君賞賜耍劍藝人金銀的事，便前去求見宋元君。

但是，這一回宋元君不僅毫無接見他的意思，還大怒說：「先前那個有絕技的

人來求見我，正好碰上我心情好，所以雖然他的技藝毫無用處，我仍然賞了他金銀玉帛。今天這個蘭子一定是聽說了那件事才來求我看他表演的。這不就是為貪財而獻技，來向我討賞的嗎？這種人實在無恥！功利心太強了！」

氣憤至極的宋元君命人把那個會耍「燕戲」的蘭子抓起來，起初本來打算殺了那個人，後來又覺得他並無犯什麼大罪，只不過想透過獻藝謀取一些金銀玉帛而已，還不至於殺頭問罪，所以把這個蘭子關一個月後就放了。

宋元君說的這番話其實沒有什麼道理，但卻很切實地說出了上位者陰晴不定、喜怒無常的性格。

有技藝在身的人，本來就會有獻藝、表演的欲望，或許求些掌聲，或許求些好處，本來無可厚非，可是到了宋元君的眼中，卻成了「功利心太強」的惡徒。那麼，他之前打賞的舉止又該怎麼說呢？難道是一句心情好、心情不好就可以解釋的嗎？這對在下位的人未免也太不公平了！

握有權勢的人可以不講道理，底下的人卻只能汲汲營營去逢迎上意，才能從中

得到一些好處。但是若一不小心，這隻老虎忽然翻臉，狠狠咬了人一口，吃虧、受傷的人又能怎麼辦呢？不就只能忍氣吞聲地默默忍耐嗎？

因此，沒有十足十的把握，不要刻意去曲迎、討好當權者。就算一個有數十年經驗的馴獸師，不小心還是會被老虎咬，更何況是不諳此道的人，怎能不傷痕累累呢？遠離權力、利益鬥爭中心，就是一般小老百姓最好的自保之道了。

自以為是就會糊裡糊塗

自欺、自滿、自以為是都會為我們帶來無窮的麻煩。我們最大的敵人與障礙，常常不是別人，反而是自己。

德國詩人呂克特說：「比受人欺騙更可悲的，是自己被自己欺騙。」

或許你會說，世界上最了解自己的人應該就是自己了，怎麼會欺騙自己？又如何能欺騙自己呢？這不是很矛盾嗎？

但事實上，這類事情在我們日常生活中卻屢見不鮮，許多人就是因爲自己欺騙了自己，結果落得悲慘的下場。

魏國都城大梁以北的黎丘鄉，經常有愛裝扮成鄉人子侄兄弟的鬼怪出沒。有一

天，家住在黎丘農村的一位老人在市集上喝了酒，醉醺醺地往家走，半路上碰到了裝成自己兒子模樣的鬼怪。

那鬼怪一邊假惺惺地攙扶老人，一邊左推右晃，讓老人一路上受夠了罪。老人回到家裡以後，不脫鞋，和衣倒在床上很快就睡著了。

第二天早上，老人酒醒之後，想起自己醉酒回家時在路上吃了那麼多的苦頭，便把兒子狠狠訓斥了一頓。

他氣憤地對兒子說：「我是你父親，你有孝敬我的義務，可是昨天在回家的路上，你卻讓我吃盡了苦頭。我問你，這究竟是因為我平日對你不夠慈愛，還是因為你別有用心？」

兒子感到十分委屈，磕著頭，對父親傷心說道：「真是冤枉啊！我哪會對您做這種不孝不敬的事呢？昨天您出門不久，我就到東鄉找人收債去了。您回家時，我還在東鄉辦事。如果不相信，可以到東鄉去問一問呀！」

老人知道自己的兒子素來誠實，相信了他的話，可是那個長得很像自己兒子的人到底是誰呢？老人想著想著，一轉念想到了黎丘鬼怪，恍然大悟地說：「對了，

一定是人們常說的那個鬼怪在作祟！」

說到這裡，老人忽然心生一計。

次日早晨，老人在市集上又喝醉了酒，一個人跌跌撞撞走回家。兒子因為擔心父親在外喝醉了回不了家，於是沿著往市集的路去接父親。

老人遠遠望見兒子向自己走來，以為又是上次碰到的那個鬼怪，等他兒子走近的時候，老人拔劍刺了過去。

這位老人被貌似自己兒子的鬼怪所惑，最終竟誤殺了自己的親生兒子。

在這個故事裡，最不應該的是誰？

是黎丘的鬼怪嗎？它不過就是扮成老人的兒子，捉弄捉弄他罷了。是老人的兒子嗎？他是最無辜的了。其實，明眼人一看就明白，最不應該也最可悲的，就是那既糊塗又衝動的老人。

他一開始把鬼怪誤以爲是自己的兒子，錯將兒子指責了一頓，後來又爲了報仇，把兒子誤以爲是鬼怪，一劍誤殺了兒子。這樣淒慘的結果，雖然由黎丘的鬼怪而起，

但是老人自己難道完全沒有責任嗎？

這是一個糊裡糊塗人所做下的糊裡糊塗事，後果非常可悲。老人的直覺與判斷都錯了，他一心以爲鬼怪是兒子、兒子是鬼怪，卻不知加以求證，這不正是自己欺騙了自己、耽誤了自己的最好例子嗎？

鬼怪欺騙老人，是他們的本性；老人自己欺騙自己，卻將兒子的命給誤送了。這不但荒謬、愚蠢，而且悲哀。

在人的許多缺點當中，自欺、自滿、自以爲是都會爲我們帶來無窮的麻煩。我們最大的敵人與障礙，常常不是別人，反而是自己。

姿態放低才能受人歡迎

謙虛的態度，能讓他人甘心為我們所驅策。要放低姿態，才能為自己的事業與理想開拓更為寬廣的道路。

英國的勃朗德曾經說過：「有良好人際關係的人的特徵之一便是謙虛，那是一種人人都尊重的美德。」

的確，謙虛能爲我們帶來許多好處，尤其在人際交往中，謙虛的態度更是重要，人人都喜歡被他人尊重。

特別是那些有才能的人，自尊心要比其他人還要強，若要贏得他們的信賴，則要以謙虛的姿態與他們往來，切不可以自視過高、目中無人。

信陵君是戰國時代的魏國貴族，以禮賢下士著稱，為「戰國四公子」之一。侯嬴則是戰國時代魏國的隱士，後來被信陵君迎為上賓。

侯嬴未投身到信陵君府上之前，只不過是個看守城門的門夫，但是他智慧過人、極有謀略，信陵君聽說後，便派人去請侯嬴做他的謀士。誰知侯嬴不但不感激，還要信陵君親自駕車接他才行。

使者氣沖沖地回去稟報信陵君，沒想到，信陵君聽到這要求後，竟欣然同意。

府上的謀士們一聽，人人都大力反對，說侯嬴太狂妄自大了，信陵君萬萬不能為他駕車，那樣有失身分等等。可是，信陵君心意已定，任憑謀士們怎麼說，都不肯改變自己的決定。

當天，只見信陵君來到侯嬴看門的地方，恭恭敬敬地向侯嬴問好，請他上車。侯嬴也不客氣，大模大樣地坐上車。

待侯嬴坐穩後，信陵君問：「先生，您可坐好了？」侯嬴點點頭。於是信陵君駕著車，儼然一副車夫的樣子。

接著，馬車到了市集，侯嬴突然說：「等一下，我要去拜訪朋友，你在這裡等

我！」於是，信陵君就把馬勒住，攙扶侯嬴下車。侯嬴慢條斯理地走了，過了好一會兒也不見他回來。

市集上的百姓們都過來看熱鬧，人人都說侯嬴太過分了。

此時，侯嬴正在不遠處和朋友喝茶聊天，朋友幾次催他該走了，別讓信陵君生氣，可是侯嬴就是不走。一直等到太陽快要下山，侯嬴見信陵君的態度始終沒有改變，才向朋友告辭。

回到信陵君家中時，已是吃飯時間。信陵君命人準備上好的酒菜，並請了許多有名望的賓客為侯嬴接風。

信陵君請侯嬴坐在上座，親自為他斟酒，並一一向賓客介紹侯嬴。到了酒席進行到一半時，信陵君還起身向侯嬴敬酒。

這時，侯嬴便對信陵君說：「今天我也夠難為您的了。我只是個看門的奴僕，但公子卻親自駕車來接我，即使我刻意讓公子等待，公子依舊對我這麼客氣。其實，我是為了成就您禮賢下士的美名，所以故意讓您在市集上等了那麼久，又去拜見朋友，以此來觀察您的態度，可是您始終很恭敬。這樣一來，市場上的人都會罵我是

個小人，視您為君子。」

這下在座的賓客們才明白侯嬴的用意，明瞭他是在為信陵君禮賢下士的好名聲作宣傳啊！

酒菜結束後，侯嬴便成為信陵君府上的貴賓。

侯嬴在大庭廣衆之下故意刁難信陵君，是爲了考驗他的誠意，更是爲了成就信陵君「愛賢」之名，兩人可說合演了一齣「禮賢下士」的戲碼，大大提升了天下人對信陵君的評價。

其實，那齣「戲」中不論侯嬴與信陵君是眞心還是假意，遇到類似的情境，只要我們用跟信陵君一樣的耐性與姿態，去面對那些恃才傲物、故意爲難我們的人，相信也會得到一樣的效果。

許多有才能的人看起來難搞，其實不過就是愛端架子，想滿足虛榮而已。既然如此，給他一些面子，讓他得意一下，又有什麼大不了的，何必擺太多沒有實際價值的「姿態」呢？

謙虛的態度，能讓他人甘心爲我們所驅策，特別是當我們需要借助衆人的才幹與努力時，千萬不要端著一副「我高你低」的架子。

這時候，反而要放低姿態，學習故事中的信陵君，才能爲自己的事業與理想開拓更爲寬廣的道路。

強取豪奪，不如給他「糖果」

發現強取豪奪的「鞭子」不管用，不妨給對方一些「糖果」，收起嚴峻的面容，用另外一個方法取得他人的信賴。

中國古代兵書上有句名言：「攻城為下，攻心為上。」意思是說，要想攻下敵人的城池，使用武力強攻猛打，是最差勁的下下之策。最好的辦法，是讓敵人的心向著我們。只要能夠做到這一點，那麼，不費一兵一卒就可讓對方繳械投降。

其實，這一點不僅在古代戰場上如此，在現在各種戰場上，不論是政治層面、商業層面……等等，亦是如此。

三國時期，諸葛亮手下有一員大將叫馬謖，平日熟讀兵書、通曉戰機，喜歡議論軍政大事，時常有不凡的見解，深得諸葛亮器重。

建興三年，諸葛亮親自率領十萬大軍遠征南中，誓要徹底平定南中各部落，出發前，留守成都的馬謖前往送行。一路上，兩個人討論起了軍事，諸葛亮問馬謖：「此次南征，我軍志在必得，不知將軍有何良言相贈？」

馬謖十分認真地對諸葛亮說：「此去南中的路途十分遙遠，該地的地形也非常險峻，而且長時間以來，南中各部落就一直不肯降服。劉璋統治西州的時候，也曾經多次進攻南中，因此，即使今天攻破南中，使他們暫時降服，等過了一陣子，他們又會起兵造反。」

「現在，丞相您傾全國兵力去討伐南中，顯示我們蜀國的強盛和威風。這樣一來，南中各部落會知道我們表面上強大無比，似乎不可戰勝，但實際上內部已經非常空虛了，他們的叛亂也就會來得更快、更猛烈，到那時南中就成了我們最大的威脅。可是，如果我們將南中的百姓斬盡殺絕，不留後患，則不符合仁者情懷。因此，攻打南中之行絕不可倉促行事啊！」

經過一番仔細分析後，馬謖又鄭重對諸葛亮說：「用兵之道，攻心為上，攻城為下；心戰為上，兵戰為下。一味採取武力攻打的方式，不一定是解決問題的最佳途徑，有時候反而會適得其反，事倍而功半。我希望丞相此去南中，能夠設法運用心戰，收服南中各部落的人心，這才是上之上策，也只有這樣，才是使南中長治久安的唯一辦法。」

到達南中以後，諸葛亮運用智謀，七次擒獲南中的首領孟獲，然後又七次將他放走，一直到孟獲徹底心悅誠服，願意誠心歸降為止。這個辦法果然使南中長治久安，直到諸葛亮死了，南中也都沒有發生叛亂。

馬謖所說的「運用心戰」，不單適用於兩千年前的三國時代，在現代當中也是常見的手段，主事者利用各種媒體與資源，散播對敵方不利、己方有利的消息，使得敵方的民眾人心渙散，最後達到目的。

或許有人會想，這些伎倆是政客或軍事家在玩的手段，跟我們這種小老百姓又有什麼關係呢？

其實，兵書上所說的「攻城」與「攻心」之法，就像是「鞭子」與「糖果」一樣。遇到身邊有難以解決的問題、不從人願的情況時，發現強取豪奪的「鞭子」不管用，就不妨給對方一些「糖果」、一些好處，收起我們嚴峻的面容，試著用另外一個方法取得他人的信賴。

沒有人想被人用蠻橫、暴力的方式對待，在這種狀況下強求得來的承諾，也多半是不可靠的。相反，如果能讓對方「心悅誠服」，便不易有陽奉陰違的情形發生。

要想掌握對方的心，雖然相對來說較不容易，但是一旦成功，卻是好處無窮，這個辦法絕對值得我們去努力嘗試。

堅持理想，不向威脅投降

真正勇於走自己的路的人，會用盡他的才智與能力，甚至用別人不敢用的方法，與阻礙自己的力量周旋到底。

前蘇聯文人厄．巴巴耶瓦曾經說過一句話：「如果你確認自己是正確的，那就應該走自己的路。」

這句話起說來並不稀奇，但是眞正可以辦到的人卻太少了。

爲什麼呢？有什麼原因讓我們總是不敢毅然決然地向前邁進？勇於走自己的路，竟是這麼困難的一件事嗎？

柴可宏是五代時期南唐的大臣，輔佐南唐後主李煜。一次，吳越派兵攻打常州，

常州是南唐的門戶，如果失守，國家的安危就會受到威脅，因此南唐後主李煜就派能征善戰的柴可宏去解救常州之危。

柴可宏非常有才華，平日總是招來一些小人的嫉妒和排擠，樞密使李征古就是個忌賢妒能的人。儘管柴可宏需要精兵強將去解常州之危，可是身為樞密使的李征古竟然只給了他幾千名老弱病殘的士兵，配備的武器也都陳舊破爛，幾乎無法上陣殺敵，這分明是有意刁難柴可宏，要讓他白白去送死。

柴可宏不是看不出李征古的險惡用心，但是他並沒有立即發作，而是默默地率領這些老弱殘兵，拿著這些破爛兵器上路了。

當柴可宏的軍隊快要到達常州的時候，李征古又想出一條毒計，他想用朱匡業來取代柴可宏，削奪他的兵權，並派使者召柴可宏回來，計劃在路上刺殺柴可宏。

只是，當李征古派來的使者宣佈完命令後，柴可宏卻說：「我已經制定好了作戰計劃，消滅敵人指日可待。你現在來召我回去，一定不是什麼好人，究竟有何意圖？我看你根本就是冒充樞密使發佈假命令！」

使者一聽，呵斥道：「柴可宏，你竟敢違抗命令，是不是想謀反？」

柴可宏說：「我看得出來你是冒牌貨。來人，把他押下去斬首示眾！」使者一看大事不妙，慌忙向柴可宏解釋說：「我真的是李樞密使派來的，這裡有他的令箭為證。」

柴可宏回答說：「即便是李樞密使本人今天來，我也定斬不饒。」他的手下就將使者斬首了。

後來，柴可宏一舉打敗了吳越的軍隊，凱旋而歸。因為柴可宏立下這樣大的功勞，李征古自然就沒有辦法動他一根汗毛了。

世上見不得別人好、想要陷害他人的人，實在太多了。有的時候，他們人多勢眾；有的時候，他們官高勢大。要以一人之力去對抗這股力量，總會遇到許多困難與挫折，使得我們前進的道路多不順遂。然而，難道我們就應該這樣放棄了自己的理想與堅持，甚至與他們同流合污嗎？

或許爲此低頭的人所在多有，但我們要明白一件事，眞正有擔當、有能力的人，是絕對不會輕易向威脅投降的。

就像柴可宏這樣，眞正勇於走自己的路的人，會用盡他的才智與能力，甚至用別人不敢用的方法，與阻礙自己的力量周旋到底。

他會盡自己的所能去奮鬥、去開拓自己的道路、去追求自己的成功，而不是遭逢阻礙時便怨天尤人，認爲都是大環境的錯，使自己無法堅持理想、實現夢想。

要是我們也在追求成功、追求自我實現的道路上遭受阻撓，不妨想想這個故事，期許自己，有堅強的勇氣面對困難。

別短視近利不顧後患

把眼光放遠，別再貪圖眼前的蠅頭小利，步伐踏實穩紮穩打，我們自能掌握現在和未來。

目光短淺的人看得見眼前利益，卻看不見身後危機。他們往往會盲目地爭奪一時的成功，一直到跌倒後才吶喊痛悔：「我錯了！」

成功不難，就怕許多人根本不知道方法。不是莽撞前進便能達陣，也不是一味地巧取豪奪就能成功擁有。

生活中的一切都是有收有放，也有捨才有得，要有退讓才能獲得前進的緩衝空間。因此，漁翁靜候一旁不是怠惰，他只是比鷸與蚌更懂得等待時機的智慧。

在一條街上，同時出現了三家實力相當的綢布莊。它們三足鼎立之勢有時候連消費者都會感到莫名的壓力。

雖然現在是布匹消費的淡季，但是這三間布莊的競爭卻未曾稍歇。只見王家綢布莊首先掛出了「清倉大拍賣」的招牌。

從那天開始，王家布莊每天幾乎門庭若市，熱鬧非常。

這個情況看在對門的李家布莊老闆眼裡當然刺眼，於是他們立即商討對策，不久李家莊也貼出了一個招牌，上面寫著：「虧本清倉大拍賣。」

這一招「虧本清倉」的伎倆果然奏效，眼看著兩間同行打破行情招攬客人，距離稍遠的周家布莊也不得不降價酬賓。

就這樣，三間店家為了吸引客人進門，紛紛削價競爭，而且戰況越演越烈。

不久，王家再度降價，而對門的李家布莊當然立即跟進。唯獨周家布莊在幾經考量後決定：「我們不跟進了。」

接下來便只賸下王、李兩家布莊仍然持續競爭，只是他們競相壓價的結果竟然無法定出輸贏。這時，一直冷眼旁觀的周老闆卻心生一計，他貼出公告：「本店賠

太多錢，布莊已經支持不下去了，從今天起周布莊將歇業一段時間。」

周家布莊關門了，如今這條街上也正式成為王、李兩家的競技場。

為了一決雌雄，他們不計成本不斷地折價，一減再減，一降再降，當然也引得消費者瘋狂地抱著一匹匹布料走出兩家布莊的大門。

「生意真好啊！」兩家老闆各自開心地想著。

但是，瘋狂搶購的結果卻讓店裡的布匹很快地所剩無幾，由於每一匹布料都是賠錢在賣，如今連本錢賠了進去，當然不可能再有餘錢去購買新的布料。

這會兒兩家布店老闆才發現這樣不妥，只是他們發現走錯路的時間太晚了。而且更令他們料想不到的是，那些天天來搶購布匹的客人，居然全是周家店派來的人，他們不僅掏空了兩家店的商品，更輕輕鬆鬆地以低廉的價錢購入上等布匹。

最後，王家倒閉，李家則成了周家布莊的分號，至於漁翁得利的周老闆，則成為當地的傳奇人物。

「這樣好像不對！」當王李兩位老闆驚呼這句話時，有多少人也驚覺，自己似

乎也曾經說這樣的話？

故事中的案例在現實生活中，可說是屢見不鮮。一間間店鋪在追隨流行風潮中開業，最後也在漫無目標的競逐中歇業關門。

這無關能力與聰明才智，因爲這一類人並不愚笨，很多人更是聰明過頭。正因爲如此，他們只知道將目光集中在「利」字身上，以致於缺乏遠見，還誤導自己走向失敗的陷阱。失敗的原因正與故事的結論相同：「短視近利。」

外表光鮮不代表內裡實在，經營自己的未來更是如此。表面的風光往往欺人也自欺，因此故事中隱約告誡我們：「惡性競爭的結果都會是鷸蚌相爭漁翁得利，經營者不可不慎！」

不想再悔不當初，那麼我們就要做個眞眞正正的聰明人。把眼光放遠，別再貪圖眼前的蠅頭小利，步伐踏實穩紮穩打，我們自能掌握現在和未來。

失去奮鬥心，只會招來不幸

是自己頹喪的態度，為自己招來了不幸，要能從逆境中爬出來，勇敢地繼續往前邁進，才能真正擺脫不幸！

中國有句俗話說「福無雙至，禍不單行」，幸運女神總是難得一見、可遇而不可求的，但不幸、倒楣的事卻常常接二連三地紛至沓來。

人生難道就眞的這麼可悲嗎？

命運難道就眞的那麼喜歡捉弄人嗎？

確實，也許幸運女神有時會離我們遠去，讓人遭逢無可避免的厄運，但是回過頭來仔細想想，人生中許多厄運，都是能靠勇氣去克服的。只是，當我們失去了信心、心態變得消沉，這些不幸自然就會降臨了。

更羸是戰國時期魏國的神射手，射箭技術高超，魏國國君對更羸極為喜愛，還經常請他到王宮飲酒或一同外出打獵。

這天，魏王打算去野外打獵，邀更羸同去。當天天氣晴朗，魏王的心情很好，策馬揚鞭，不一會兒就到了狩獵的地點。他和更羸說好，一人帶一隊士兵，看哪隊打的獵物多，比賽時間就到日落時分為止。

時間過得很快，太陽就要下山了，兩隊人馬來到集合處後，魏王命人分別查驗雙方獵物的數量，結果打了個平手。魏王不服氣，一定要分個勝負出來。

這時，一隊大雁由南向北飛過，一隻孤雁從遠處飛來，叫聲慘烈，飛得也很慢，顯然是跟不上隊伍了。一見此景，更羸便對魏王說：「大王，您看那隻大雁，我可以不用箭就把牠射下來。」

魏王不相信，說：「不用箭？怎麼可能！如果你能不用箭就把牠射下來，今天的狩獵比賽就算你贏。」

於是，更羸從身後取下長弓，當那隻孤雁飛到他上空時，他立即拉弓，做出射

箭的姿勢。只聽得弓弦「蹦」的一聲，大雁也應聲落地。

魏王頓時傻了眼，奇怪地問：「這是怎麼一回事？根本沒有用箭，大雁怎麼就掉了下來呢？」

更贏笑笑說：「大王，這隻雁飛得很慢，說明牠受過重傷。」說著，指著大雁尚未痊癒的傷口給魏王看，接著又說：「牠叫聲哀戚，說明牠長時間失群。由於傷未癒且驚魂未定，聽到強弓的聲音，便嚇得跌落下來。」

聽了更贏的話，魏王徹底服輸，人們也更加佩服更贏了。

更贏這種行爲，說難聽一點，只不過是「善打落水狗」的獵人罷了。不過，他這一下射得漂亮、射得精采，讓魏王也不得不佩服，即便是幾千年後的我們，也能從這一招裡面悟出一些道理來。

對於已經滿身創傷、又驚魂未定的孤雁來說，只要一點點的驚嚇就足以嚇破牠的膽子，這是因爲牠已經失去了奮鬥的勇氣。

仔細想想，人豈不也是一樣呢？

當一個人意氣風發、春風得意的時候，彷彿什麼困難都難不倒他，一旦從成功的雲端跌落下來，不順遂的遭遇磨掉了志氣與奮鬥心之後，他的不幸只會不斷地累積，最後終於像這孤雁一樣，再也飛不起來。

這豈是命運女神特別不眷顧他？其實，是那落了水的人失去了奮鬥的勇氣，是自己頹喪的態度，爲自己招來了不幸。

深受聾、啞、盲三重痛苦，卻不因此向命運低頭的海倫．凱勒曾經說過：「信心是命運的主宰。」

仔細想想海倫．凱勒這段話，再回頭看看故事中那隻孤雁，我們當能領悟到：人生豈有一路順遂的呢？唯有充滿信心，要能從逆境中爬出來，勇敢地繼續往前邁進，才能眞正擺脫不幸！

面子之爭是最無謂的紛爭

寧可不要面子，也要好好充實裡子。真正的成功者，不需要在街談巷語當中尋找自己的價值。

從古至今，爲了面子，常可見到人們做出各種不可思議的事。可以打腫臉充胖子，可以爲面子問題爭得臉紅脖子粗、你死我活，可以把有的事說成沒有、沒有的事說成有，可以把活人氣死、死人說活。

總之，爲了維持面子，什麼事都能做，就是不能丟了面子。

春秋戰國之際，齊國人崇尚勇敢，許多人以勇敢為榮。為了獲得勇士的稱號，得到人們的尊重，都相互比勇鬥狠。

當時有兩位武士，一個住在城東，一個住在城西，都以勇敢聞名，當地人都知道他們是非常厲害的勇士。

傳說住在東邊的勇士曾打死過兩隻老虎，西邊的勇士從一座山上跳下來毫髮無損，到底他們倆誰更勇敢呢？

城裡的人都在猜測，他們自己也很想知道誰更厲害些。

某一天，兩位武士在城中偶然相遇。兩人都想這是個好機會，可以和對方好好比試一下，分出勝負，以證明自己是最厲害、最勇敢的。

於是，這兩人來到一家酒樓，店裡本就十分熱鬧，兩位武士一同來喝酒，客人們更是紛紛議論。

兩位武士邊喝酒邊聽著人們的議論，心裡盤算著如何才能顯示自己的勇氣。

城東武士提議說：「光喝酒太沒勁了，不如我們要幾盤下酒菜，痛痛快快地邊吃邊喝如何？」

城西武士回答說：「何必這麼麻煩呢？我喝酒從來不用叫菜，我都把自己身上的肉當下酒菜。」

此話一出，語驚四座，旁邊的人都好奇地看著他們，想聽聽城東武士怎麼說。只見城東武士也不甘示弱，對城西武士說：「沒想到我們的愛好一樣，真是酒逢知己千杯少啊！我每次喝酒也都吃自己身上的肉，不過要是能有些調味料蘸著吃，那味道就更好了。」

城西武士本來想嚇嚇對方的，聽到他這樣說，只好叫夥計送來調味料，說道：「好，那就先從我身上割起，來，別客氣。」

城東武士也謙讓地說道：「不行，你比我年少，我怎麼忍心割你的肉呢？還是先割我的吃吧！」

周圍的人都驚訝地看著他們，最後，兩個「勇敢」的武士決定割自己的肉給對方吃。兩人拿出刀，開始割起自己的肉，然後用刀尖插肉蘸上調味料給對方吃，對方也毫不懼怕，大口大口地吃了起來，頓時鮮血從兩人身上不斷流下來。

膽小的客人早就嚇跑了，膽大的這時也目瞪口呆地吃不下飯了，老闆則躲在櫃台後面嚇得直打哆嗦。

兩位武士繼續割著身上的肉，雖然身上痛極，但為了面子、為了勝利，還是繼

續一口一口吃著，誰也不想認輸。

不多久，由於失血過多，兩人雙雙倒在血泊中死去了。

這則故事雖有幾分誇張的味道，卻也在荒謬中提醒我們：面子之爭，爭到後來常淪爲既無謂又可笑的爭執。

兩方誰也不肯讓步、不想「丟這個臉」，到最後，通常會變成一個「雙輸」的局面，沒有所謂的「贏家」。

此外，在這個故事裡，一旁看熱鬧的人很多，不斷起鬨、鼓譟，那些非要看兩名武士分出勝負的人，必須爲這兩個悲慘又愚昧的莽夫的生命負上一些責任。他們不想丟臉，多半是因爲不想聽到旁觀者那些奚落的言語。

社會上有許多取笑、貶低敗者以及拍勝者馬屁的行爲。一個人一旦失敗了，便要將他說得一文不值，彷彿他完全沒有任何的優點；一個人一旦成功了，那些噁心、浮誇的高帽就會一頂又一頂地加到他頭上，彷彿他是一個不會犯錯的完人。

然而，事實眞的是如此嗎？

不論答案如何，可以確定的是，上述那些舉止，都不是正確的態度，也必會爲社會風氣帶來負面的影響。

做必須臨機應變，關鍵時刻寧可不要面子，也要好好充實裡子。

至於喪失面子的事，就讓那些愛說閒話的人去說吧！眞正的成功者，不需要在街談巷語當中尋找自己的價値。

PART 7.

留心逢迎諂媚的小人

忠言永遠逆耳，對你有所貪圖的人，
他們當然會多講一些你想聽
或是你喜歡聽的話來迎合你。

小心功高震主招來災禍

誠意真心總是敵不過現實猜忌，在競爭激烈的社會，偶爾反向操作才能保護自己，不致於因為功高震主招來災禍。

安份守己不代表要全盤托出自己的赤誠愚忠，展現自己的才能比任何人強，也不一定能得到讚許或拔擢。

因爲，所有積極力爭上游的人，都是爲了高人一等，一旦這些人好不容易登上了高峰，他們當然只想一個人獨佔峰頂。

蕭何在滅楚與漢大業中立有大功，劉邦也因此將他排在眾臣之首。

後來，韓信被誣告謀反，當時劉邦正巧出征在外，由蕭何協助呂后掌理內政，

設計除掉了韓信這個心腹大患。

由於平亂有功，蕭何的官銜便從丞相提升為相國，封地也增加了五千戶，此外，劉邦還賜了五百名士兵給他。高升之後，相國府天天都有人前來祝賀，唯獨一位名叫召平的秦朝遺老竟然登門致哀。

他對蕭何說：「你就要大禍臨頭了，如今主公餐風宿露征戰於外，您只是坐鎮京師，什麼戰功也沒有，主公卻讓你增封地、設衛隊，這是為什麼？你以為理由真的那麼單純？其實是因為韓信剛剛謀反，主公對你心存懷疑，想以此對你加以籠絡，絕非寵信你啊！」

蕭何一聽，連忙請教：「我應該怎麼辦？」

召平回答：「把封賞讓出來不要接受。此外，你還要將自己的家產拿出來資助前方軍隊，如此一來，主公必定十分高興。」

蕭何認為他說的十分有理，便依計行事，果然立即得到劉邦肯定的回應。

又過了一年，英布謀反，劉邦再一次率兵出征，不過在前線指揮作戰時，他卻不斷地派使臣回京師，目的竟是想打聽蕭何在做些什麼事。

盡忠職守的蕭何原本想：「皇上出征在外，我身為相國，本該盡心安撫百姓，並多籌備糧草輸往前線。」

但不久，又有貴人向蕭何說：「您恐怕會有滅族大禍啊！如今您貴為相國，功列第一，官不可再升，功不可再加，然而，自您進駐關中十幾年來卻甚得民心。唉，如今主公經常派使臣來打聽您的情形，正是擔心相爺的聲望太過響亮啊！皇帝很擔心您會對他構成威脅。」

蕭何一聽，吃驚地問：「那我應該怎麼做才好？」

貴人建議說：「您可以四處壓價買田，故意高利放債，令民怨四起，如此才能讓多疑的主公卸下心防。」

蕭何聽從了他的意見，也這樣做了，果然劉邦再也沒有派使臣前來監視了。

當劉邦班師回朝時，看見老百姓紛紛上書狀告蕭何，劉邦卻一點也不怪罪他，反而將老百姓的狀紙交給蕭何，還笑著對他說：「你自己處理吧！」

即使「功高震主」，處事也絕不能「喧賓奪主」，就像故事中的蕭何與劉邦的

關係，畢竟對大多數的領導人物來說，他們好不容易坐上了龍椅，自然不肯輕易離座，面對著台下虎視眈眈的企圖者，他們更是小心翼翼地防範著。

蕭何心中只有安分盡職之意，這樣的防備與猜疑當然很冤枉。然而，誠意真心總是敵不過現實猜忌，在競爭激烈的社會，偶爾反向操作才能保護自己，雖然有違己心，但這確實是保障自己的最好方法。

人生路偶爾要靠自己製造彎道，不要一路直線前進，因為那樣不僅不易隱藏鋒芒，還很容易被自己的小聰明誤事。

所以，別擔心小小的轉彎會耽擱了前進的時間，因為在轉彎處，我們反而更能看清人心的險惡與可怕的陷阱。用小小的延誤換取永遠的平安，哪一個才是聰明的選擇，相信你一定知道。

騙得了別人但騙不了自己

當一個人的名聲是從狡詐而得來，那麼即使人們欣羨他的事業版圖，也始終對於他的人格有所保留。

看似成功的騙術，最後只會有一個結果，那絕對不是成功的光彩，而是一個令人無法面對的困窘慘境。

無論人們運用了什麼樣的騙術獲得成功，勝利的光環永遠都會蒙上了一層陰影，不管怎麼樣都無法擦拭乾淨，勝利的光芒永遠都無法燦亮奪目。

無論一個人的事業多麼成功，或財富多麼豐富，一旦是靠不正常手段強取豪奪而得，那麼在他的心中永久都會留有一道陰影，久久無法釋懷。

梅里特兄弟從德國移居美國後，在密西西比成立了一間鐵礦公司。

由於這一區的礦產十分豐富，石油大王洛克菲勒對該區早已垂涎許久，但是他卻晚了梅里特兄弟一步，所以只得靜待時機了。

一八七三年，美國陷入了經濟危機之中，各家公司的財務紛紛出現狀況，其中也包括梅里特兄弟所經營的鐵礦公司。

公司財務一旦吃緊，即使礦產豐富也無力開採。就在這個時候，有位名叫勞埃德的牧師出現在他們的辦公室中，並帶來了一個好消息：「聽說你們需要幫忙，我很樂意以極低的利息讓你們借貸四十二萬元。」

「真的嗎？真是太感謝您了！」

梅里特兄弟沒想到有人願意伸出援手，這也讓辛苦移民到美國的兩兄弟感動不已，更讓他們確定了移居美國是正確的。

但是，兄弟倆的滿心歡喜與感動卻持續不到半年。

半年後，勞埃德牧師再次出現在梅里特家，一踏進門便嚴肅地說：「關於那筆錢，是我向朋友洛克菲勒借的，今天早上他發了一個電報給我，要求立即索回四十

二萬元的借款。」

梅里特兄弟一聽，著急地說：「可是，這四十二萬元，我們早就投資到礦產事務上了，一時間我們根本拿不出這麼多錢，再緩一陣子吧！拜託！」

但是，勞埃德牧師堅持要兩兄弟立即還錢，最後他們只得法庭上見了。

在法庭上，原告律師說：「借據上寫得非常清楚，這是依據『考爾貸款』條例所簽的合約。所謂的『考爾貸款』是指貸款人可以隨時索回貸款，所以利息低於一般貸款。又根據美國法律，借款人可以立即還款，或是宣佈破產，二選一。」

很明顯的，這是一個陷阱，再加上剛從德國移民來的梅里特兄弟在語言上的困難，他們不僅當初沒有看清楚條約，如今也無法為自己爭取權利，他們現在沒有餘力自保，這才覺醒：「原來我們被騙了。」

最後，梅里特兄弟只好宣佈破產，並將事業以五十二萬元賣給了洛克菲勒。

雖說商場上爾虞我詐已成常態，然而眞正的成功者卻從不認同這樣的手段。一如投資家經常對股市投資者說的：「選擇投資的目標時，你第一個要做的功課就是

好好地認識你投資對象中的大掌櫃們是否『腳踏實地』！」

換個角度說，像洛克菲勒一樣的巧取與陷害並不足取，因爲「不擇手段」恐怕已成爲他的人生污點。特別是當一個人的名聲是從狡詐而得來，那麼即使人們欣羨他的事業版圖，也始終對於他的人格有所保留。

當梅里特兄弟醒悟的那一刻，他們的遭遇眞正要警示的對象並非單純與容易受騙的人，而是那些處心機慮想巧取豪奪的人。如果有機會，他們兄弟倆必定想告訴洛克菲勒：「雖然你搶得了我們的公司，但是你也輸了自己的聲譽！」

人生確實有許多要追求的事物，但是無論我們怎麼追求，也不能以犧牲他人的方式來取得成功。因爲我們即使得到了這一切，最終也要面對自己的良心，一旦心中有愧，無論事業與財富多麼成功，我們始終也無法由衷的快樂啊！

以和為貴才能事半功倍

誰的面子你都可以不必理睬，但是至少你要為自己想想，為了達到更高的成就，凡事我們都應該以和為貴。

爭吵不僅苦了別人，更苦了自己，因爲任誰在仇怨與對立中生活，他們的情緒肯定惡劣，更別提展顏笑容了。

惡言相向的日子永遠比不上笑顏生活來得輕鬆自在，所以能忍一時並退一步爲別人著想，其實最大的受惠著始終是我們自己！

這天，乾隆在和珅與劉通訓的陪同下，一同到承德避暑山莊觀景、賦詩。

望著煙雨樓前的湖面，碧波盪漾，美不勝收，轉頭西望則是重巒疊嶂，乾隆皇

隨口說出：「什麼高，什麼低，什麼東來什麼西。」

劉通訓一聽，也隨口和道：「君子高，臣子低，文在東來武在西。」

只見乾隆點了點頭，但這一幕看在和珅的眼底卻十分不是滋味，只因劉通訓的文采比他強。雖然不高興別人的才情高於他，但是和珅確實才華不夠，這會仍得花些時間想一想如何應對。

不一會兒，他說：「天最高，地最低，河（和）在東來流（劉）在西。」

果然是小氣的和珅才想得出來的對句，非得用諧音為自己扳回一城不可。他藉著皇家禮儀中，東為上首西為下的習俗暗示劉通訓：「你這個老傢伙雖然是三朝元老，但始終在我和珅之下。」

這樣的譏諷果然激怒了劉通訓，只見他瞪著和珅，似乎恨不得立即教訓和珅一頓，以消胸中怨氣。這時，乾隆又要兩個人以水為題，各拆一個字與一句俗語，然後再作成一首詩來與眾人分享。

只見劉通訓望著水中的自己，一副老態龍鍾的模樣，轉眼卻見和珅自負得意之形，他忽然靈機一動，詠道：「有水念溪，無水也念奚，單奚落鳥變為雞，得意的

狐狸歡如虎，落坡的鳳凰不如雞。」

和珅一聽，當然聽出了劉老一方面暗自讚嘆自己的才華，另一方面則諷刺他是狐狸、雞，這當然令不願輸人一截的和珅十分不滿，他立即反唇相譏：「有水念湘，無水還念相，雨落相上便為霜，各人自掃門前雪，哪管他人瓦上霜。」言外之意，正想暗示劉通訓顧好自己即可，別再多管閒事。

說了那麼多劉通訓與和珅的交戰，乾隆皇哪兒去了呢？

一向聰明過人的乾隆皇帝當然也沒閒著，他聽見這兩個臣子以詩交戰，自然察覺出他們的不和與較量的弦外之音。

於是，他面對著湖水說：「朕也來對上一首吧！有水念清，無水也念青，愛卿協心便有情，不看僧面看佛面，不看孤情看水情。」

和珅與劉通訓聽罷，心中為之一驚，臉上滿滿的羞愧顏色。因為他們聽出皇上要他們同心協力的期望，兩個人因而醒悟，立即拜謝皇上。

沒有人可以擁有完美無瑕的人際關係。就算是待人接物高人一等的人，也只不

過是比我們懂得什麼叫做「忍」，也比我們更了解，當個可以協調人際溝通的和事佬，總是比每天與人計較、爭執來得快樂。

所以，與其漲紅了臉等待報復或回擊對手，不如退一步想想：「再吵下去，根本是在浪費生命，無謂的對立和爭鬥對我們又有何好處呢？」

與人起爭執時，別忘了冷靜地想一想。別管你的地位在誰之上，也別計較你在誰之下，何須執著於形式上的位階，一定要較量出高下？

我們在日常生活中，不也曾像和珅與劉通訓一般，與同一個屋簷下的人不斷爭執，甚至惡意中傷身邊的伙伴？最終目的竟只是爲了爭名奪利，試問値得嗎？

誰的面子你都可以不必理睬，但是至少你要爲自己想想，爲了達到更高的成就，凡事我們都應該以和爲貴。

想做大事就要先學會做人

我們如果連最基本的人際關係都做不好，又怎麼能圓滿地達成必定會繁複糾結的各項人事呢？

人與人之間最常出現的爭執點，很多時候並非源自事件的本身，而是出在人們經常不願溝通，只想發洩的無聊情緒上。

其實，絕大多數的人並不是不懂得怎樣做人，只是太喜歡濫用情緒處理事情了，以致於讓每件小事到最後都演變成了大麻煩。

有位老師帶了二十四多名學生到某間實驗室參觀，由於天氣十分嚴熱，所有學生全枯坐在會議室裡等待主管，心情顯得煩躁。

這時，有一位秘書捧著水走了進來。只見同學們全都表情木然地看著她，似乎沒有人感激秘書送水的誠意，甚至還有人大剌剌地這麼問：「沒有綠茶嗎？這天氣實在太熱了。」

秘書客氣地回答說：「對不起，綠茶剛好沒了。」

這時，有個女同學實在看不下去了，在心裡忍不住嘀咕著：「人家為你倒水，你還挑三揀四的。」

當秘書走到她的面前時，女孩立即堆滿笑容，輕聲地說：「謝謝，天氣這麼熱，還要妳這麼忙碌，真是辛苦妳了。」

秘書一聽，立即抬頭看了女孩一眼，臉上盡是感激的笑容，雖然這是一句很普通的客氣話，但這卻是她今天最想也是唯一聽到的感謝。

不久，門忽然又開了，只見主管匆匆地走了進來，隨即和大家打招呼：「真是抱歉，讓大家久等了。」

聽見主管的道歉話，學生們似乎認為這是應該的，甚至還有些不大諒解，因此現場靜悄悄地完全沒有人回應。

女孩看了看，便輕輕地帶頭鼓掌，其他同學們這才稀稀落落地跟著拍手，由於掌聲稀落不齊，聽了反而讓人感到煩躁。

主管揮了揮手，接著說：「好，歡迎同學們來參觀，平時這些事都是由秘書處負責接待，不過我和你們的導師是老同學，所以由我親自來向大家介紹本公司的經營情況。王秘書，請您去拿一些紀念手冊送給同學們吧！」

不久，秘書抱來一疊紀念冊，並由主管親自分送給大家。

當主管雙手將手冊呈到學生面前時，卻見這群非常沒有禮貌的同學們，不僅全部靜靜地坐椅子上動也不動，甚至連眼皮都不肯抬一下。

更扯的是，他們一個個全都是單手接過主管手中的紀念冊子，這個情況讓主管的臉色越來越難看，一直走到女孩的面前。

已經快要沒有耐心的主管，強忍著脾氣走到這個女同學的前面，就在這時，女孩很有禮貌地站了起來，接著也雙手握住手冊並恭敬地說：「謝謝！」

主管一看，當然眼前一亮，他伸手拍了拍女孩的肩膀：「妳叫什麼名字？」

只見主管微笑點了點頭，心情頓時好轉，這也讓感覺幾乎想挖個洞躲起來的導

師，稍稍地鬆了一口氣。

兩個月之後，老師通知這位女同學：「畢業後妳直接到那間實驗室工作。」

有幾位大感不滿的同學覺得不公平，便找導師質問：「為什麼她一畢業，您就幫她找到工作了？」

導師看了看這幾張還沒長大的臉，笑著說：「那不是我幫她找的，是實驗室裡的人親自來請她到實驗室幫忙的。」

不會做人就別想成就大事！

做人之所以這麼重要，故事中的這位女同學已經提供給我們一個很好的典範。因爲「人」才是一切的重點，像是服務生面對著消費者，像是與我們擦身而過的陌生人，又或是故事中的同學與主管，無論在什麼樣的領域中，人與人之間的互動必定是生活中的重點。

因爲，我們如果連最基本的人際關係都做不好，又怎麼能圓滿地達成必定會繁複糾結的各項人事呢？

會做人才能成就大事，這不是什麼特殊的口號或權謀，而是一個再平常不過的生活觀念。試想，當我們聽見別人由衷的一句「謝謝」，和一個禮貌體貼的小動作時，是否也深受感動呢？

人際溝通的方法不需要太花俏太刻意，簡單的體貼動作，溫暖的感謝心意，這樣就足夠換得無法計數的回饋。

懂得這樣虛心待人接物的人，計較的並非是回饋的多寡。他們要的，一如你我所需，也是一份相互的體貼與感謝心。

「和睦」是事事順利的推手

人類社會中最基本的互動，更是讓人們懂得「互助合作」的重要性引導。

生活中，少了與人和睦相處的積極態度，我們的生活始終都不會快樂。帶著灰暗的情緒看事情的人，生活的感受當然也會是灰暗的，我們何苦讓自己處在這樣不愉快的氣氛中呢？

午後，天空忽然變暗，接著下起了一場驟雨，有三個出外化緣的和尚正巧走進同一間破廟中避雨。

三個和尚互相認識之後打開了話題：「咦？這間廟為什麼荒廢了？」

穿黃色袈裟的和尚說：「看來一定是原來的和尚們不夠虔誠，以致於菩薩不願顯靈，所以荒廢了。」

但是，身穿灰色袈裟的和尚卻不這麼認為，他搖了搖頭說：「一定是這裡的和尚不夠勤快，沒有人願意動手整修自己的廟宇，以致於廟宇越來越破舊了！」

這時，另一個袈裟上處處補丁的和尚卻說：「看來應當是這裡的和尚待人不敬，使得香客再也不願意來這裡奉獻。」

就這樣，三個和尚為了這間廟宇荒廢的原因各持己見，居然還起了爭執。最後，他們決定要留下來，各憑本事與旺廟宇，看看誰的理由才是正確的。

於是，一個每天虔誠地禮佛誦經，一個則是努力地修整清潔廟宇，另一個則是勤快地出外化緣講經。

三個和尚果然各憑本事，慢慢地讓這間廟宇的香火越來越旺了。如今，整間廟宇不僅煥然一新，香客更是絡繹不絕。

原本三個和尚一直安分地各做各事，不料後來竟又起了爭執，這一次他們則是為了廟宇的興盛在搶功。

「這一切都是因為我虔心禮佛，所以菩薩顯靈。」穿黃色袈裟的和尚說。

「誰說的！要不是我勤勞地整修，妥善地管理，廟庫怎麼能這麼充實？」穿灰色袈裟的和尚不滿地說。

這時，第三個和尚穿著一身已殘破不堪的袈裟出現，說：「你們居然想搶功，要不是我辛辛苦苦地四處勸世，香客怎麼會這麼多？」

就這樣，這三個和尚再起爭執，成天爭論不休，忘了廟裡的事務，致使廟中才興旺不久的香火也逐漸消失了。

當廟宇再度殘破得無法安身時，三個和尚只得各奔東西。

分手之後，三個還算有悟性的和尚，最後總算理出了一致的結論：「這間廟的荒廢的原因，不是因為和尚們不虔誠，也不是因為和尚不勤快，更不是因為和尚們不懂尊敬施主，全是因為和尚們不能和睦相處啊！」

少了「與人和睦相處」的處世原則，想要事事順利肯定很難。就像故事中的三名和尚，雖然他們總算有了很好的結果，但是最終他們還是為了搶功，忘了同一屋

簷下和睦相處的重要性，所以從急盛而致急衰，好不容易得到了成功，也因爲三個人互不相讓，又意外地失去了，迅速地跌入谷底。

從成功到失敗，三個和尚也終於領悟出「和睦相處」的重要。他們的經歷給予人們一個訓示：「何苦與人計較？若不是三個人各司其職，合力分工完成寺廟的重建，怎麼可能這麼快就香火鼎盛啊！」

我們都知道，在人際溝通的錦囊中，「與人和睦」是最重要的一課。因爲，這不僅是人類社會中最基本的互動，更是讓人們懂得「互助合作」的重要性引導。

希望能事事順利的人，與其祈求佛祖顯靈，不如要求自己與人和睦相處。畢竟要面對這一切的人是我們，即使眞有佛祖，祂也只會告訴你：「天助自助者！」

留心逢迎諂媚的小人

忠言永遠逆耳，對你有所貪圖的人，他們當然會多講一些你想聽或是你喜歡聽的話來迎合你。

當某個人給你的讚美之詞越來越多時，你就要越小心這個人。

因為，當一個人有所企圖時，他們通常都會讓對方先嚐盡甜頭，然後在他們正忘情地享受這些奉承的甜美滋味時，再冷不防地塞給他們無盡的苦頭。

孫華是個非常糊塗的人，當年他有兩個酒肉朋友阿寶、阿洛，惡意誣陷他的弟弟孫榮，孫華最後相信他們的話，將自己的親弟弟趕出家門。

雖然，孫華的妻子和老父親曾費盡口舌地勸他，但是在酒肉朋友慫恿下，孫華

再也不相信自己的弟弟是無辜的。

不管妻子怎麼分析，甚至是指證出這一切都是他的酒肉朋友故意誣陷，孫華始終只相信他的朋友。

面對丈夫的愚昧，孫妻想：「用勸的不行，我想，除非他能親身經歷這兩個人的惡行，否則他永遠都會被這兩個人所蠱惑。」

這天，孫妻悄悄地殺了一隻黃狗，然後趁著黑夜將穿了人衣服的黃狗屍體放在門口。然後，她便守在門口，靜靜地等待每天都喝得酩酊大醉的丈夫。

「到了，明天再續啊！」孫華在屋外對友人們叮嚀著。

兩個酒肉朋友也大聲地回應著：「好，老地方，不醉不歸！」

高高興興道別之後，孫華迷迷糊糊中來到了家門口，誰知前腳才跨了進門，後腳卻被一個東西給絆倒了。

跌坐在地上的孫華，在黑暗中瞇著眼看：「這什麼東西啊？」

接著，他伸手摸了摸「屍體」，忽然之間他跳了起來，因為他摸到了一個溼溼熱熱的東西。

酒意有些醒了，孫華對於門口的東西也看得更清楚了些：「怎麼有個血淋淋的屍體在這兒啊？」

孫華大吃一驚，還差點叫喊出聲，他連忙對自己說：「孫華，人不是你殺的，你要冷靜一點。對了，阿寶和阿洛剛走，他們曾經答應我，只要我遇到麻煩，他們一定會挺身幫助我。」

於是，孫華連忙去找他的兩個朋友幫忙處理，沒想到當這兩位「好朋友」一聽到「屍體」兩個字時，竟異口同聲地說：「這事與我們無關，人命關天，可惹不得！你自個兒想辦法吧！」

最後，他們全都把門一關，讓他們口中的好哥們兒獨自一個人去面對。

回到家中之後，孫華向妻子坦承此事，孫妻立即勸他去找弟弟幫忙。雖然孫華自知有愧於孫榮，但是膽小怕死的他，還是在妻子的陪同下，一塊兒去找弟弟想辦法。

沒想到，孫榮竟然一口答應了：「別擔心，我會幫你的，哥哥！」

孫華聽見弟弟這麼說，竟忍不住流下了眼淚。他有些激動地說：「是我不好，

我現在才知道，原來誰對我才是眞心的！」

兄弟兩一同把「屍體」埋了之後，孫榮也重返家園。後來，阿洛和阿寶再來找孫華時，孫華全部一口回絕，不再理會。

從孫華的故事中，我們看見了人性的黑暗狡詐。

忠言永遠逆耳，對你有所貪圖的人當然很明白這一點，所以，他們當然會多講一些你想聽或是你喜歡聽的話來迎合你。

如果我們的警覺性和孫華一樣，甚至耳根比他更軟，那麼我們恐怕會被這些別有居心的人一再玩弄於股掌中，並慢慢地迷失了方向。

走出社會，所有的人際交流幾乎都有利益上的糾葛，想擁有眞心對待的朋友似乎並不容易，所以許多人都想問：「哪裡才找得到我們的眞心朋友？」

其實，在每個人身邊一直都有眞心對你的人。即使愚笨如孫華，至少還有至親的眞心相待，這些人從不會計較我們的成功或失敗，也不會在意你的財富多寡。面對你，他們只想與你分享生命中所有的喜怒哀樂，也不管你有多大的變化，他們也

只希望你明白：「我們對於你確實充滿了愛與關懷。」

有人說，勇於批評我們的人才是眞心朋友，或者我們可以試著想想，在我們的身邊是否有這樣的人呢？

在你人生低潮時，身邊有沒有不斷地鼓勵你的人？當你擁有小成就時，有沒有繼續守護在你身邊，並提醒你要小心前進的人？

如果有，那麼我恭禧你，並提醒你好好珍惜！

少一點批評，多一點反省

不要讓批評流於一味的譏諷與謾罵，多一點關懷式的建言，才能讓人與人之間有良性的溝通和交流，以和諧的步調攜手共進。

批評人容易，在口舌上爭輸贏也很簡單。但是，當這些動作都表現出來之後，我們到底是擁有了更多，還是會失去更多？

與人相處別再逞一時口快，因爲那並非性情直率的表現，而是受制於情緒所反射出來的言行舉動。

再者，這些情緒化的表現，也正是我們評斷一個人處事成熟度的重要標準。

據說，林肯年輕的時候非常喜歡評論是非，不僅經常寫詩來諷刺別人，甚至還

將批評別人的信故意遺落在鄉間路上，等著人們撿拾，再交給信中的批評對象。

這樣好批評的個性一直緊跟著林肯，雖然他後來進入了嚴謹的律師工作環境，但這個毛病卻一直無法糾正。

一八四二年的某一天，林肯在報上寫了一封匿名信，諷刺當時一位自視甚高的政客詹姆士·席爾斯。

被點名嘲諷的席爾斯對此相當憤怒，透過關係查出了寫信的人名叫「林肯」，於是他立即前往林肯住處，並下戰帖要與他決鬥。

林肯沒有想到惱羞成怒的席爾斯會向他下戰帖，這個結果令他十分苦惱：「唉，為什麼要決鬥呢？但是不和他決鬥的話，他一定又有話說了。」

雖然林肯滿心不願意，但迫於情勢也只好接受挑戰了。他向一位畢業於西點軍校的朋友學習劍術，然後選擇騎兵的腰刀作為武器。

只是，原本鼓足勇氣要迎戰的林肯，最後卻在朋友的力勸下休兵了：「退讓一步吧！兩個人為了一封信而大打出手，若是結果有了死傷，划得來嗎？」

林肯在最後一刻冷靜下來，他學會了與人相處的藝術，也更加明白出於自己嘴

裡每一句話的重要性：「我不能再寫信罵人了，不能再任意嘲諷或指責別人了！試想有誰的自尊心願意被傷害?傷害別人的自尊心真是件惡劣的行為！」

因此，南北戰爭爆發時，面對他所提拔的將士們在戰場上節節敗退，林肯始終不發一言。

當全國人民都在大罵那些將領之時，林肯始終只有一句話：「不要議論別人，別人才不會議論你！」

當林肯太太和其他人在批評南方人士時，林肯也不願參與論斷，只淡淡地告訴他們：「不要批評他們，因為換作是我，在相同的情況下我也會和他們一樣。」

退一步想，換個角度將心比心，每個人在選擇自己的人生時總有一些理由和想法。即使只是簡單的問題，我們也只想用最適合自己的方式去面對，正因爲方式因人而異，所以不可能獲得每一個人的認同與支持。

因此，無論我們對彼此的行爲再怎麼不認同，也不必冷嘲熱諷猛批對方，或是議論他人的是非對錯。

畢竟那是他選擇的人生方式，只要他過得自在快樂，沒有影響或干擾到任何人，那麼無論我們多麼不以爲然，都一定要懂得「尊重對方」。

一旦人們的自尊心受到傷害時，許多人解決的方法都相當極端，他們不是完全放棄自己，自暴自棄，就是像故事中的席爾斯一般拼了命地報復。

所幸，林肯在面對決鬥的最後關頭及時罷手，才未釀成更大的傷害。

與人相處要懂得將心比心。沒有人期待被否定，也沒有人應該被否定，不要讓批評流於一味的譏諷與謾罵，多一點關懷式的建言，才能讓人與人之間有良性的溝通和交流，以和諧的步調攜手共進。

性急躁進不如聰明退守

想要成功無須急躁，才能更不必急著展現。別擔心時間不夠，因為選錯了表現的時機，反而容易錯失更多機運。

與其硬著頭皮前進，不如冷靜後退。我們不必爲一時的失敗感到煩惱，也不必對尚未達成的目標太過焦急，人生雖然不長，但是只要我們認眞生活，時間終究會慢慢地跟著我們前進，直到心願完成爲止。

生活的腳步不必太急躁，只要目標明確，即使是暫停行進，時間也會爲我們停格，直到我們再度抬起前進的步伐。

劉備在小沛城被呂布打敗後，走投無路之餘前去投靠曹操。雖然曹操見劉備來

歸心中大喜，但是多疑的他對劉備始終不放心，並沒有分配封地給劉備，而是把他留在身邊以利監控。

野心勃勃的劉備當然不甘受制於曹操之下，只是聰明的他明白時不我予的現實局面，為了避免曹操發現他的野心，對他不利，劉備便在屋後經營了一個菜園，每天親自灌溉、耕種。

有一天，曹操宴請劉備，不過這頓飯局兩個人皆有盤算，看似平常相聚餐，實則兩個人皆有防備，各懷鬼胎。

當兩個人酒至半酣時，天氣忽然變化，只見烏雲漫天，陰霾遍佈。

「看來快下雨了。」曹操說。

劉備抬起頭觀察，接著只點了點頭表示肯定。

忽然，天空閃現一道雷電，曹操見狀便說：「天外藏龍，龍能大能小，能升能隱，誠如世人一般，發達便能飛升九天，登時而成一世英雄，你認為當今世上哪些人能稱為英雄呢？」

劉備說：「袁術、袁紹和劉表等人吧！」

「是嗎？英雄不是應該胸懷天地、志向四方，腹隱良謀、智識廣博，你說的這幾個人有嗎？」曹操反問。

劉備一聽，連忙問：「當今世上有這樣的英雄嗎？」

只見曹操冷笑了一聲說：「有！」

旋即他指了劉備，然後又指了指自己：「正是使君與我！」

劉備聽見曹操直指自己是英雄，心中一驚，連手中的勺子都拿不穩，「噹」一聲不慎掉落地面。

在此同時，正巧雷電大作，伴著驟雨聲，確實令人心驚膽顫。

這時，曹操問劉備的勺子怎麼掉落地面，劉備立即說：「聖人曾經說『迅雷風烈必變』，勺子掉落，是被雷聲所震攝之故。」

曹操一聽，哈哈大笑說：「雷電只是天地陰陽搏擊之聲，你怕什麼？」

只見劉備滿臉膽怯地說：「我從小就害怕驚雷聲，只要一聽見閃雷聲響，我都要害怕得四處躲藏。」

曹操聽完後，滿臉不屑地冷笑了一聲，從此曹操再也不畏懼劉備和自己競奪天

下，甚至再也不把他視為敵手。

事後，劉備對關羽和張飛說：「在後園種菜，是故意要讓曹操以為我是無用的庸碌之徒，至於失手掉勺一事，是因為我聽出了曹操說我也是英雄的弦外之音。所以，雷電助我一臂之力，讓我找到懼怕驚雷的藉口，這讓曹操從此視我如小兒，不再將我放在心上。」

聰明的人從來都知道進退的時機，所以劉備與曹操過招時的訣竅正是：「想要成功無須急躁，才能更不必急著展現。別擔心時間不夠，因為選錯了表現的時機，反而容易錯失更多機運。」

冷靜沉著是讓劉備能在三國中佔一席之地的關鍵。曹操性格急躁多疑，自以爲小心謹慎，事實上卻是漏洞百出。曹操急於探測出對手的企圖時便出現了盲點，忽略了劉備的冷靜計謀，反而被欺騙。

日常生活中，你是否也曾經犯了這個毛病，爲了自己的躁進與焦急，必須一再地修補許多可以避免的錯誤呢？

人心險惡，不能不防！

適時僞裝害怕閃電雷聲，不代表你眞的膽小如鼠，能面對暴雨不代表你絕對智勇雙全。因爲，「智」永遠在「勇」之前，聰明人會知道，在天時地利人和的時機未到前，冷靜、耐性是支撐他們成功的兩大支柱。

PART 8.

有自我判斷才能提出創見

「創意」與「創見」多半來自不依俗套的頭腦，
以一種新的方式，把心裡的想法表現出來，
強調的是獨立思考的重要性。

要耍小聰明，請三思而行

做人別做得太絕，要想陷害他人時，更應該三思而行，別以為自己玩弄的手段不會有人發現。

法國文學家拉．羅希布科曾說：「詭計只不過是一種貧乏的精明。」

那些愛耍心機陷害他人的人，大概沒有一個人會認爲自己是愚蠢的吧！他們多半自認爲有些小聰明，甚至認爲別人都很愚蠢、很好欺騙，不然又怎麼敢玩弄心機與手段去謀害他人呢？但是，像這樣的「精明」，看在有智慧的人眼裡，只不過是個不值一提的小伎倆罷了。

包拯是北宋著名的政治家，也是一位名聞遐邇的清官。

有一年春耕期間，縣裡發生了一起案件，有個農民把耕牛拴在牛棚裡，但早上起來時，竟發現牛躺倒在地上，嘴裡淌著血，扳開牛嘴一看，原來牛的舌頭被人割掉了。這個農民又氣又心痛，心想家中的地都還未開耕，這下該怎麼辦呢？氣憤不已的他趕到衙門告狀，請求包拯查出犯人。

包拯聽完農民的申訴，心裡想：那牛舌一定是他仇人割的，可是沒有證據，又該怎麼查案呢？

包拯略一沉思，心裡便有了譜，故意裝出嚴厲的樣子，對前來告狀的農民大聲說：「大膽刁民，分明是你自己割了自家牛的舌頭，竟敢誣蔑別人，還不趕快回家去！」

農民十分委屈，心想這個縣官真是昏庸，哪有人這麼判案的？自家牛的舌頭被人割掉不打緊，還被誣陷說是無理取鬧，這種判決怎能讓人不生氣？

於是，他垂頭喪氣地回到家中，左鄰右舍見狀，問他是怎麼一回事，他也一概不理，只是走到牛棚裡，牽出牛來，一刀就把耕牛給宰了。

按照當時律法，耕牛是不能私自屠宰的，但是那農民已經氣得顧不了那麼多，

再說，沒有舌頭的牛也活不了幾天，還不如乾脆先宰了。

這個農民殺了牛之後，不但不害怕犯法，反而四處嚷嚷，還將牛肉分給親朋好友吃。

結果第二天一早，就有人跑到衙門告發那農民私宰耕牛。

那人對高坐堂上的包拯說：「包大人，現在正處農耕時期，但他卻不顧法令，私自宰牛，不但是對您的藐視，而且還會為其他老百姓帶來不良的影響，容易滋生懶惰習氣，還望大人嚴加查辦。」

包拯問明情況後，突然沉下臉，大喝一聲說：「你好大的膽子，把人家的牛割了舌頭，還敢來告人私宰耕牛？」

那人一聽就呆住了，沒想到包拯會如此精明，只好連忙伏在地上使勁磕頭，老老實實地供認罪行。

原來，割牛舌的人跟那個農民有仇，所以趁著春耕時期割了他家牛的舌頭，想讓他無法順利春耕，後來又聽說這個農民一怒之下，將耕牛給殺了，心底更是高興，連忙跑到衙門來告發他。誰知，他這下竟是自投羅網了。

消息傳出後，包拯名聲大振，牛的主人這時也才恍然大悟，明白了原來包拯的「昏庸之舉」是另有目的，不禁佩服不已。

做事不可做絕，更不要以爲自己的小陰謀、小詭計不會被看穿，否則就會像故事中那個割人牛舌的人一樣，到後來自投羅網，只得乖乖俯首認罪。

包拯並不是什麼「推理之神」，他不過是用常理來判斷，一個人如果與另一個人有怨仇，必定會想將對方置於最險惡的境地，如今眼見良機降臨，怎會沒有行動呢？

再深思一下便會發現，要是這個犯人只割了牛舌就停手，那包拯這個計謀就無法施展了，但偏偏人總是不明白什麼時候應該罷手，割完仇人的牛舌後，還不罷休地要告人私宰耕牛，也難怪他會自投羅網。

做人別做得太絕，想陷害他人時，更應該三思而行。別以爲自己設下的陷阱、玩弄的手段不會有人發現，想害人，就要先有被「抓包」的心理準備。聰明人都不會將才智用在害人的小事上，會耍小聰明去害人的人，不是眞正的聰明人。

堅持立場，就不易上當

在競爭過程中，我們不但要時時衡量自己的能力，更要堅定自己的決心與態度，別輕易被敵人的舉動所惑。

歐洲有句俗諺是這樣說的：「聽人說話只信一半，是精明；知道哪一半可信，才是真正的聰明。」

你的敵人對你示好，你毫不接受，或許可說是精明。但如果你知道他爲什麼對你好，後面究竟有什麼動機，進而能夠分辨出什麼是能接受的好意，什麼又是包著蜜糖的毒針，這才是眞正的聰明了。

曹瑋是北宋著名的將領。有一年，吐蕃侵襲宋朝邊境，朝廷派曹瑋率軍抗擊，

在曹瑋的領導下，宋軍初戰告勝，敵軍紛紛潰逃。但是，這時曹瑋卻命令士兵驅趕一大群牛羊往回走，牛羊走得很慢，落在部隊後面。

許多將士對這命令感到不可理解，紛紛向曹瑋建議：「這些牛羊用處不大，又會影響行軍速度，不如將牠們扔下，我們反而能安全迅速地趕回營地。」

曹瑋固執地不接受眾人的建議，也不做任何解釋，只是不斷派人去偵察吐蕃軍隊的動靜。

吐蕃軍隊狼狽地逃竄了幾十里後，才敢停下來喘口氣。吐蕃將領聽探子報告說，曹瑋捨不得扔下牛羊，致使部隊亂哄哄地不成隊形，心想這個曹瑋原來是個貪得無厭的傢伙，一心想要牛羊，卻不知自己已經犯了兵家大忌，於是馬上命令軍隊掉頭趕回去，準備襲擊曹瑋的部隊。

曹瑋得到這一情報後，故意讓隊伍走得更慢，到達一個對己方有利的地形時，便整頓人馬、列陣迎敵。當吐蕃軍隊趕到時，曹瑋並不立即反擊，而是派人傳話給對方統帥說：「你們遠道趕來，一定很累吧！我們不想趁別人勞累時佔便宜，請你讓兵馬好好休息，過一會兒再決戰。」

吐蕃將士正苦於跑得太累，一聽說如此，當然很樂意地接受了曹瑋的建議。他們既感謝曹瑋，又在心底暗暗嘲笑他，心想這個人真是傻透了。

宋軍將士對曹瑋的做法也很不理解，有些人甚至竊竊私語：「這不成了迂腐透頂的宋襄公嗎？」

曹瑋聞知後，只面露微笑，不多加解釋。

等吐蕃軍隊歇了一會兒，曹瑋又派人對對方統帥說：「現在你們休息得差不多了吧？可以上陣打一仗啦！」於是雙方列隊開戰。只一個回合，宋軍就把吐蕃軍隊打得大敗而逃；曹瑋命令宋軍乘勝追擊，精疲力竭的吐蕃軍隊毫無反抗能力，結果死的死、傷的傷、降的降，宋軍大獲全勝。

這時曹瑋才娓娓告訴部下：「我們帶著牛羊行軍，這樣一來，吐蕃軍隊就會想來個『回馬槍』，立刻奔返回來，不過這一去一來的，畢竟有百里之遙啊！如此，他們的體力就會被消耗大半了。然後，我如果下令與遠道殺來的吐蕃軍隊立刻交戰，他們會挾奔襲而來的銳氣與我方拚死一戰，雙方勝負難定。只有讓他們在長途行軍疲勞後稍微休息，銳氣盡失後再開戰，才能一舉將其消滅。」

將士們聽後，人人點頭稱讚不已，紛紛說曹瑋這舉動既帶回了牛羊，又大敗了吐蕃，真是「一箭雙鵰」啊！

吐蕃軍隊會犯的錯誤，你我都可能會犯。

要想趁機在敵人身上得到好處，就得冒著上當受騙的危險，就像想到蜂窩去掏蜂蜜一樣，弄不好就很容易會被叮得滿頭包。

敵人會對你好，常常是虛情假意的，他想利用的，不過就是你的貪心與自以爲是的聰明。他讓你過得舒服，很可能是想讓你鬆懈、讓你失去鬥志與銳氣，再一鼓作氣地擊垮你。

在競爭過程中，我們不但要時時衡量自己的能力，思考自己的立場，更要堅定自己的決心與態度，別輕易被敵人的舉動所惑。

只要有堅決的意志與清明的腦袋，即便敵人要再多花招與手段，都不易讓你受騙上當。如果敵人要等著你犯錯、等著你鬆懈，只要自己能站穩腳步，他們自然永遠都等不到那一天了！

要馬兒好，別忘了給馬兒吃草

人都想要被肯定，若領導者在該獎勵的時候吝惜，認為別人幫自己流汗賣命是理所當然，這是最糟糕的事情。

英國作家畢奇科莫曾經這麼說：「獎賞不但必須做到，而且為了令眾人信服，它還必須被人看到。」

中國有句老話叫「爲善不欲人知」，意思是說做了善事不要讓人知道，要自己默默地做，免得被人說是沽名釣譽。

但是，如果你是個老闆、領導人，給人獎賞時，不但要及時，更要讓大家清清楚楚、明明白白地看到，可千萬別「獎賞不爲人知」！

南宋寧宗時期，有位名叫趙葵的少年將軍，從童年時代開始，就一直跟隨父親趙方在軍營中成長。趙方是位名將，曾帶兵與入侵的金人作戰，常年征戰於淮西一帶。趙方作戰勇猛、屢戰屢勝，使金兵聞風喪膽。

趙葵十一二歲時就向將士們學習騎馬射箭，練出一手好箭法，他立志要像父親那樣殺敵立功、保衛國家，趙方也很器重這個兒子。

一次，金國將領帶領五千精銳騎兵偷襲南宋，在趙方的指揮下，宋軍一舉打敗了金國部隊。大獲全勝後，趙方決定論功行賞，慰勞參與戰鬥的官兵。趙葵也非常高興，到各個兵營去玩耍，與大家共享勝利的喜悅。

趙葵首先來到一位叫王思的軍官帳營中，向他祝賀。他親眼看到這位名叫王思的軍官勇猛地衝入敵陣，用手中長矛橫掃金兵，將敵人殺得落花流水，所以他想王思無疑會受到重賞。

可是趙葵到軍營後，竟看不到一點歡樂的影子。王思板著臉盯著趙葵一聲不吭，士兵們也是個個愁眉不展，似乎是發生了什麼不如意的事。

趙葵見狀，不解地問：「打了這麼大的一場勝仗，為何不歡慶一番呢？怎麼每

個人都愁眉苦臉的？」

王思冷冷地說：「我們打了敗仗，正等待受罰呢！」

趙葵越加糊塗了，己方分明是大獲全勝，怎麼會變成吃了敗仗呢？

他連忙問：「我也參加了作戰，親眼見到我方大獲全勝，誰說吃了敗仗呢？」

王思又說：「既然打了場勝仗，別的部隊都有獎賞，為什麼我們沒有呢？如此賞罰不明，實在令人十分失望，大家都在收拾行裝，準備散夥了！」

趙葵靈機一動，立刻接口說：「現在發的是朝廷的獎賞，家父給的賞賜正要另行頒發呢！是將軍誤會了。」

王思問：「果真如此？」

趙葵忙說：「我親耳聽到父親這麼說的。」

王思聽後，馬上將這個消息傳給手下，兵營內的氣氛立刻活躍起來。

趙葵馬上趕回父親的帳營，將漏發獎賞的事情告訴父親。

趙方聽後，一拍腦袋，連連責怪自己糊塗，竟然出現了這麼大的失誤，但焦急的他又想不出恰當的補救辦法。

趙葵才說：「孩子撒了個大謊，請求父親饒恕！」

他把「另行賞賜」的話告訴父親之後，趙方十分驚喜，連連讚揚趙葵幫了自己一個大忙，馬上以自己的名義補發獎賞，同時派人進行調查，不可讓任何一個該得賞的將士被遺漏。

士兵們眼見將領獎賞分明、愛兵如子，都受到了莫大的鼓舞，一時士氣大振。

趙方看到趙葵用一句話，就穩定了軍心，十分讚賞他的機智。後來，趙葵和他的哥哥趙范，都成了南宋著名的抗敵將領。

趙葵這謊可說是撒得好、撒得妙，俗話說：「亡羊補牢，時猶未晚。」更何況他這一下補得還眞漂亮，他的父親的確應該好好獎賞他一番。

若是「又要馬兒好，又要馬兒不吃草」，那是極爲不合理的。尤其是身爲領導者的人，對那些在「戰場」上爲自己奔馳、爲自己效命的「馬兒」，千萬不要忘記，一定要好好犒賞他們。

人都想要被肯定、被認可，在辛勤工作、拚搏之後，都會想得到相對的回報。

若領導者在該獎勵的時候吝惜，認爲別人幫自己流汗賣命是理所當然，或者覺得「我已經對他們很不錯了」，是最糟糕的事情。

明朝學者呂坤是這樣說的：「肯替別人想，是第一等學問。」如果做不到這一點，甚至忘記去做，就會對自己造成十分不利的影響。

爲別人好，同時也是爲了自己好，請多多回報那些辛勤工作的人，多給他們一些獎勵與敬意吧！

有自我判斷才能提出創見

「創意」與「創見」多半來自不依俗套的頭腦，以一種新的方式，把心裡的想法表現出來，強調的是獨立思考的重要性。

法國作家布瓦洛說：「一句別出心裁的話，重點就在於，雖然所說的內容可能是每個人都曾想到過的，但述說的方式卻是生動、精妙、新穎的。」

陳腔濫調爲什麼令人厭惡？

因爲同樣的話一講、再講、三講、四講之後，不管它本來有多麼吸引人，到後來，大家早就對它厭煩了。但有時爲了說些場面話，或是爲了硬要擠出一點話題，我們還是不得不說。到最後，說者無心，聽者藐藐，談話到了這個地步，還有什麼意思呢？

紀曉嵐是清朝乾隆年間的大學士，才思敏捷、學識過人，三十一歲那年，便被選入翰林院。紀曉嵐之所以會那麼出名的另一個原因，在於他那些驚人之語。

有一次，王翰林太夫人做壽，宴會上張燈結彩、冠蓋如雲。賓客到齊後，主人請紀曉嵐撰寫祝詞，當場朗誦，紀曉嵐也愉快地答應了。他不用筆墨書寫，即席朗誦道：「這個婆娘不是人……」

此句一出，語驚四座，堂上老夫人臉上「刷」地罩下一層寒霜，但總算強忍住怒氣沒有發作，賓客們面面相覷，深覺紀曉嵐太失禮了，不該在大庭廣眾之下出口傷人，身為主人的王翰林，更不知如何是好。

在這非常尷尬的節骨眼上，紀曉嵐又從容地說出第二句：「九天仙女下凡塵。」

此言一出，全場賓客全改口，紛紛稱讚。

紀曉嵐在大家鬧哄哄的時候，又提高嗓門，搖頭晃腦地唸出第三句：「生個兒子去作賊……」

這下可好，滿堂賓客猶如忽有一石投下，立即啞然無聲的一塘鳴蛙，主人僵在

那兒傻了眼，感到十分難堪。

只見紀曉嵐掃視全場，吊足了大家的胃口後，才慢吞吞地道出結句：「偷得仙桃獻母親。」

紀曉嵐的話音剛落，全場爆出一陣歡笑，皆大歡喜！

紀曉嵐如果生在現代，依他的才能，絕對可以成爲一位相當傑出的創意總監，他能把最老套的祝壽語，變成逗趣詼諧的四句聯，前半讓人怒不可遏，後半又將人捧上天去。雖然一樣都是祝老太太長壽，但他這話說得漂亮，比那些一成不變如「福如東海，壽比南山」之類的賀辭好太多了。

現代社會越來越強調每個人的「創造性」。別人已經說過一千次、一萬次的話，我們能不說就不要再說；每個人奉行無疑的規範，我們在接受之前也要先多加思考。只是在現代社會裡，多得是以「個性」自我標榜，打扮得特立獨行的人，但要是聽他們說話、問他們的意見，不是回答「不知道」、「不清楚」，就是說不出自己的意見。像這樣的人，是不是把「創造性」的功夫用錯地方了呢？

「創意」與「創見」多半來自不依俗套、不滿足於既有現狀的頭腦，以一種新的方式，把心裡的想法表現出來。「創意」或「創見」是要有實質內容、有自我想法的東西，而不是將外表包裝得新奇古怪就叫「創意」，這樣頂多算是「搞怪」而已，無法爲自己或社會帶來多大助益。

「創意」或「創見」強調的是獨立思考的重要性，強調要對每件事有自己的價值判斷，而非盲從流行或指示。唯有跳出依循俗套的思考框架，才能成爲一個貨眞價實的「創意人」啊！

用幽默的力量解決麻煩

會運用幽默感的人，便懂得臨機應變，讓它替自己說出本該認真地指陳的問題或弊病，而又能不傷害彼此的尊嚴與感情。

德國文學家拉布曾經這樣說道：「幽默，是生活波濤中的救生圈。」人活在這世上，一定要有一點幽默感。東方人多半欠缺這方面的悟性，難免缺乏一些進退之間的潤滑劑。

若凡事都太認眞看待，是一件很累人的事。有的時候生活上遇到一些困難或不滿時，即使費盡心力仍無法解決，不妨改用比較幽默的方式，開開自己與他人一個玩笑，說不定反倒會爲自己找到另外一條出路。

解縉，字大紳，是明代文學家，永樂初年擔任翰林學士。

他從小就喜歡吟詩作對，十幾歲時已名聲遠播了。當時，他家附近住著一位告老還鄉的李尚書，聽說解縉很有才學，非常不服氣。他想，解縉不是出自書香門第，只是一個做豆腐人家的兒子，哪會出口成章、作對吟詩？

過年的時候，李尚書派人請解縉到他家去。誰知，解縉剛走到尚書家門前，等候在門口的人連忙把大門關上，只開了旁邊一扇小門，要解縉從小門進去。只聽李尚書在門內大聲說：「小子無才嫌地狹。」

解縉出口答道：「大鵬展翅恨天低。」

李尚書聽後一驚，心想這孩子年紀輕輕口氣倒是不小，連忙命僕人打開中門，迎接解縉進去。

解縉進門後，李尚書見他穿著綠襖，就說：「井裡蛤蟆穿綠襖。」

解縉見李尚書穿的是紅袍，就答道：「鍋中螃蟹著紅袍。」

李尚書聽了暗想：「這小鬼好厲害，我把他比作活的，他竟把我說成死的。」

但李尚書還是不甘心，想挫挫解縉的銳氣，用手往天上一指說：「天當棋盤星

當子，誰人敢下？」意思是，你好大膽，敢在這裡胡鬧？

解縉聽了，不慌不忙地用腳往地下一踩說：「地作琵琶路作弦，哪個敢彈？」意思是，別看你是做官的，敢彈我一指頭？

李尚書見解縉的確如傳聞中聰明，開始有點喜歡他了，但是仍故意問道：「你父母是做什麼的？」解縉口齒伶俐地回答：「父親在街頭，肩挑日月賣，母親在家裡，雙手轉乾坤。」

李尚書聽了，心想這孩子果真聰明，真會說話。他父親每日挑著圓筐賣豆腐，說是肩挑日月賣；母親每日在家裡磨豆腐，說是雙手轉乾坤。

李尚書真的喜歡解縉了，忙命家人擺酒席款待他，還決定要把女兒許配給他，無意中得了這麼一個好女婿，李尚書滿心歡喜。

人在家中坐，禍從天上來，有一天，皇帝忽然下了一道聖旨給李尚書，限期要他進貢公雞蛋。

李尚書接到聖旨時，魂都嚇飛了，世上哪有公雞蛋呢？原來，李尚書在朝為官

時得罪過幾個人，告老還鄉後，那幾個人還是不放過他，在皇帝面前說李尚書家裡有公雞蛋，皇帝這才下了聖旨。

李尚書急得不知如何是好，還因此生了一場大病。他的夫人說：「你總是誇解縉聰明，現在出了這樣為難的事，何不叫他來商量一下？」

李尚書心想有理，急忙喚人將解縉找來。

不久，解縉來到李尚書家聽了此事，就咯咯笑起來：「這樣一點芝麻大的事，有什麼好急的？這樣吧，請岳父大人準備一艘官船，插上進貢的旗子，掛兩個大燈籠，燈籠上寫著你的官銜，我替你到京城進貢公雞蛋。」

李尚書說：「根本沒有公雞蛋你怎麼去進貢啊？弄得不好可是有欺君之罪。」

解縉答道：「別擔心，我有辦法。」

李尚書雖不知他葫蘆裡賣什麼藥，但自己又想不出別的法子，只好依著解縉，一切照他說的辦了。

後來，解縉到了宮裡，施了禮後跪在皇座前。皇帝一看是個年紀輕輕的少年，就問：「你叫什麼名字？哪裡人？來做什麼？」

解縉從容答道：「小人姓解名縉，吉水人，是代替李尚書來進貢的。」

皇帝又問：「李尚書是你什麼人？」

解縉答道：「他是我岳父。」

皇帝便問：「那你岳父怎麼不親自來呢？」

「我岳父生小孩，在家裡坐月子，因而無法前來。」解縉這樣回答。

皇帝聽了哈哈大笑，說道：「男人怎麼會生小孩？你分明是說笑話！」

解縉趕忙接口：「啟奏萬歲，男人不會生小孩，公雞哪會生蛋呢？」

皇帝一聽，覺得有理，「是呀，男人不會生小孩，公雞哪會生蛋？」

進貢公雞蛋一事就這樣取消了。不但如此，皇帝見解縉聰明伶俐，很是喜歡他，就把他留在身邊，封他為學士。

德國有句諺語說：「自由產生詼諧，詼諧也產生自由。」

解縉年紀不大，但在他與皇帝的應對中，詼諧與幽默的確爲他帶來了相當的自由及尊重。我們是不是也能從中看出一些道理來呢？

世上原本就沒有公雞蛋，皇帝不加思索的一道聖旨，爲李尙書家帶來了多大的麻煩！不過，解縉不因爲對方是九五之尊的皇帝就膽小畏懼，反而大膽地以幽默的方式，指出皇帝這項要求的荒謬性，讓皇帝在哈哈大笑之餘，也明白了自己的無理，順利化解了一場紛爭與災難。

幽默感有時候就是這麼奇妙的東西。會運用它的人，便懂得臨機應變，讓它替自己說出本該嚴肅地、認眞地、憤怒地指陳的問題或弊病，而又能不傷害彼此的尊嚴與感情。這種辦法，甚至比起板著臉說教更有效果呢！

話別說太滿，以免丟臉

不管有幾成的把握，話都不宜說得太滿。若是事前就誇下海口，要是有個萬一，恐怕就要大大丟臉了。

民初作家周作人說：「人類最大的弱點之一，就是自命不凡的習性。」一個驕傲、眼高於頂的人，會在驕傲中將自己毀滅，因爲他看不見自己的缺點，也看不見自己的不足之處，當他出差錯時，無法察覺錯誤，也沒有辦法改正。他高傲的態度，將會讓他面臨比別人更爲嚴苛的挑戰。

徐渭是明代著名文學家、書畫家，也是晚明時期思想解放運動的先驅。徐渭從小聰敏過人、博聞強記，十多歲時學問就已經相當淵博了。

有一年秋試，皇帝派了一個叫竇光鼐的老太師到紹興負責主試。為了籌備相關事務，竇太師提前來到紹興。

這位竇太師年紀雖老，可是態度一點也不謙虛，遊街過市時，總是將一塊「天下無書不讀」的御賜金牌扛在前面，一路耀武揚威，自以為學識淵博，天下間無人能出其右，目空一切，傲慢得不得了。

徐渭聽說竇太師要來，心想：「不如我來挫挫他的傲氣，看你還神氣不神氣？」徐渭打定主意後，在竇太師到紹興那天，不顧夏日的炎熱，赤身露腹地睡在東郭門內的官道上。

「噹噹……」雖然鳴鑼開道的聲音越來越近，徐渭絲毫不理會，繼續睡覺。領頭的執事看見一個小孩睡在官道當中，就稟報老太師說：「太師，前面有個小孩擋官攔道！」

竇太師聽說攔道的是個小孩，感到十分驚訝，吩咐轎夫停轎，自己走出轎子看到底是怎麼一回事。

竇太師見那攔道的小孩睡得正熟，連忙把他叫醒。徐渭醒來後，趕緊恭敬地站

在一旁，等候發落。

竇太師問道：「孩子，大熱天的你睡在熱石板上做什麼？難道不怕太陽曬嗎？」

徐渭從容回答說：「不做什麼，只是曬曬肚皮裡的萬卷書。」

竇太師聽後，心想：「你這小鬼，人小口氣卻很大，讓我來考考你，看你還能不能這麼囂張？」於是就對徐渭說：「既然你喜歡讀書，一定還會對聯。我出個上聯讓你對，你若對不出，就趕緊讓道迴避。」

徐文長說：「好，請出題吧！」

竇太師想起紹興南街有三個閣老台門，便隨口說道：「南街三學士」，徐文長不假思索，回對：「東郭兩軍門」。

竇太師一聽，覺得南街對東郭、文官對武將，而且這五個台門都是紹興城內有名的，不由得點頭稱讚。

這時徐渭故意問竇太師：「您金牌上那六個大字怎麼解釋？」竇太師得意回答：「皇上知道天下沒有我未讀過的書，因此御賜這塊金牌給我。」

徐渭一聽，問道：「那麼請問竇太師，《萬年曆》您應該也讀過吧？」

竇太師聽了一時張口結舌，答不上話。

徐渭趁機拿出事先準備好的《萬年曆》，遞給竇太師，笑嘻嘻說：「太師沒讀過，學生倒會背。」

說完，徐渭便熟練地背誦起來。竇太師對照著書，發現他果然背得一字不差，但自己讀遍經書，就是沒有留意過這本「書」，真是慚愧啊！

徐渭理直氣壯地問：「太師既然有書未讀過，那這塊金牌該怎麼辦呢？」

竇太師聽後，羞得滿臉通紅，只好撤去了那塊金牌，從此再也不敢以「天下無書不讀」來自居了。

沒讀過《萬年曆》本來沒有什麼了不起，這本寫滿節氣的農民曆本來就是「工具書」，哪有人拿來背誦的？徐渭自然是故意拿這本書來爲難竇太師了，誰叫竇太師敢誇口「天下無書不讀」？

雖然中國古代的書籍種類沒有現在多，但是要全都研讀過，也是一件不可能的事。竇太師那面御賜金牌，除了表示他對自己的學識相當有自信外，也是仗了幾分

天子的威信，因此行走天下時，又有哪個讀書人敢去跟他作對，指出他的錯誤？也難怪他能這樣得意洋洋地四處招搖了。

不管有幾成的把握，話都不宜說得太滿。若是事前就誇下海口，說自己有多棒、多厲害，要是有個萬一，或是遇上一個如徐渭這般專找麻煩的人，恐怕就要大大丟臉了。夜路走多了，總會碰到鬼。人要是太驕傲，不管實力有多強、後台有多硬，一定會有跌股摔跤的時候。

如果不想像竇太師這樣，一世英名毀在一本《萬年曆》手上，那麼我們說話做事時，還是不要太自大才好。

寧可說得恰當，別只求說得漂亮

說話時，寧可是心中有幾分情，就說幾分話。這樣即使話說得不漂亮，對方也會被你話中的誠意感動。

西班牙文學家格里西安曾說：「說得恰當比說得漂亮更好。」

有誰不愛聽漂亮話？有誰不愛聽奉承話？但是，要在「恰當」與「漂亮」兩者之間拿捏妥當，確實不是件容易的事。

有些人在說話時，常常犯「辭溢乎情」的毛病，明明心中只有五、六分的感情，嘴巴上卻偏要說到十分。聽到的人可能不但不覺得感動，還會覺得肉麻！

鄭板橋是清代著名書畫家和文學家，出身書香門第，自幼天資聰穎，善於獨立

思考。鄭板橋還在縣城讀私塾時，就因聰明伶俐深得老師喜愛。

三月的江蘇，草長鶯飛，陽光明媚。一天，老師帶著鄭板橋，興致勃勃地到郊外去春遊。師徒倆沿著一條小溪漫步，一路上春風拂面，風景十分優美，兩人心情也十分愉悅。走了一會兒，他倆就在一座小轎旁坐下休息。

突然，鄭板橋喊了起來：「老師，您看，水中有個死人！」

老師一看，橋下果然有一具年輕女屍漂浮在水面上。那女子身穿紅色外衣，仰面朝天，散亂的頭髮隨波浮動，嬌嫩的容顏還未變色，看來是剛淹死不久的。心地善良的老師頓生憐憫之情，含著眼淚隨口吟了一首詩：「**二八女多嬌，風吹落小橋。三魂隨浪轉，七魄泛波濤。**」

鄭板橋低頭品味老師的詩，再仔細望著河裡的女屍，沉思不語。

老師見狀，就問鄭板橋：「你覺得這四句詩怎麼樣？」

在老師目光的督促下，鄭板橋抬頭反問道：「老師，您認識這個少女嗎？」

老師不解地搖了搖頭。

「那您怎麼說她『二八女多嬌』，正好是十六歲呢？」鄭板橋接著又說：「老

師既不知道女屍的來歷，又怎麼知道她是『風吹落小橋』呢？又怎麼能看見她的三魂七魄隨波浪轉呢？」

老師被鄭板橋問住了，覺得這個十歲的孩子確實聰明厲害，雖說是自己的學生，但眼光之銳利、思維之敏捷卻可以當自己的老師了。於是，他用期待的眼光望著鄭板橋說：「那麼依你看，這首詩應該怎麼作呢？」

「好，那我就試試，改得不好，還請老師多多指點。」說罷，鄭板橋吟道：「誰家女多嬌，何故落小橋？青絲隨浪轉，粉面泛波濤。」

老師聽了，連連點頭說：「改得好！改得好！你用『誰家』代替『二八』，用『何故』代替『風吹』，真實而又含蓄，表現了初見女屍的人必然會產生的疑問。我說的『三魂』、『七魄』是看不見、摸不著的，你改作『青絲』、『粉面』既有具體形象，又抓住了女屍的特點，比我的原詩好多了。這真是『青出於藍而勝於藍』啊！真是後生可畏！後生可畏！」

這位老師的詩，其實還不算太差，但他還是沒有辦法擺脫為賦新詞而言過其實、

穿鑿猜測的毛病。比起鄭板橋寫實又不失漂亮的詩句，相較之下，是顯得落了俗套一些。不過，並不是人人都能當鄭板橋，像他這般兼顧「恰當」與「漂亮」，畢竟需要一些天分才能辦到。如果我們沒有像鄭板橋那樣的才能，選擇「說得恰當」，可能是比較保險的做法。

你會喜歡一個明明心裡就不是那樣想，但說出來的話卻恰好相反的人嗎？你會覺得這樣的人可以信任、值得交心嗎？想想自己的答案，再推己及人，自會了解爲何在「恰當」與「漂亮」之間，選擇「說得恰當」較佳。

如果我們都不喜歡口是心非的人，如果我們對那樣的人都不會給予好評價，就不要讓自己變成那樣。

因此說話時，寧可心中有幾分情，就說幾分話。這樣即使話說得不漂亮，對方也會被你話中的誠意感動，自然也能體諒你說得「不漂亮」的地方了。

說太多遍只是惹人心煩

世上沒有什麼大道理，非得要一天到晚說個不停才行，即便是以「愛」為名，以「關心」為由，也只會徒惹人心煩。

《聖經》上說：「有些人保持沉默是因為無話可說，有些人保持沉默則是因為懂得說話要適時。」

在適當的時候沉默，需要相當的智慧，尤其在這個口水滿天飛的時代更是如此。學習沉默，不僅是要少說些「不該說的話」，同時更是要用沉默，突顯出那些「該說的話」的重要性。

若是把同樣的話說了一遍又一遍，吩咐個沒完，那麼即使是出自一片好心，仍然不是一項睿智的行爲。

清末光緒年間，有個叫何梅谷的人，以研究孔孟學說聞名於世，但他的老伴卻特別信佛，在客廳裡的神桌上供奉了一尊高價買來的觀音菩薩，天天對著觀音菩薩唸：「大慈大悲救苦救難觀世音菩薩」，而且每天從早到晚要唸上一千遍，毫無半點停下來的意思。

雖然何梅谷是待在自己的書房裡研讀四書五經，但他的夫人在客廳裡絮絮叨叨地不斷唸佛，那嗡嗡的聲音就像蚊子飛舞聲一樣從門縫中、窗縫中傳過來，弄得何梅谷根本無法集中精神讀書。

何梅谷和顏悅色地要求夫人不要再唸了，但她不聽。他又語重心長地跟她講道理，說這樣做既徒勞無功又影響他人清靜，但她還是不聽。何梅谷實在是束手無策。

一天晚上，何梅谷在書房裡踱來踱去，苦思勸阻夫人不斷唸佛之道。突然他腦門一拍，激動地說：「有啦！就這麼辦！」然後便高興地上床睡覺去了。

第二天吃過早飯後，何梅谷的夫人照舊在客廳裡唸「大慈大悲救苦救難觀世音菩薩」，何梅谷也不阻止她，就到書房看自己的書。正當他的夫人唸得起勁時，他

突然在書房裡喊叫：「夫人！」

夫人聽到何梅谷叫她，以為有什麼事，便停止了唸佛。可是，她一推開書房的門，卻看到何梅谷正襟危坐，全神貫注地在看書，她以為自己聽錯了，就關上房門又返回客廳。

夫人坐在蒲團上，又開始唸起佛來，剛唸了幾句，何梅谷又在書房裡叫：「夫人！」

她只好又站起來，推開書房的門問何梅谷到底有什麼事，可是何梅谷不予理睬，繼續搖頭晃腦地讀書。

夫人只好返回客廳，再次唸起她的「大慈大悲救苦救難觀世音菩薩」。可是，才開始唸，何梅谷又在書房裡叫起「夫人」來了。

如此往返幾次，何梅谷的夫人大怒說：「沒完沒了的，你煩不煩人啊？」

何梅谷等的就是這句話，他慢條斯理地說：「才叫妳幾遍，妳就生氣了，妳一天唸一千遍「觀世音菩薩」，菩薩難道就不煩嗎？祂一煩還會保佑妳嗎？」

何梅谷夫人頓時醒悟了，從此再也不日誦千遍佛號了。

以我們凡人的智慧，當然不會知道菩薩每天聽一千次，究竟煩不煩，不過可以肯定的是，何梅谷在一旁已經被煩得受不了！

英國的班．強生曾經說過：「一個人的失敗，往往是因為他話說得太多，而不是因為他不講話。」

同樣的一句話，如果只說一次，那句話的力道就有十分；相對的，若是說了十次，每句話的力道就只剩一分了。

話要說，就要說到尖上、說到妙處，如果扯了一堆都不是重點，甚至叨叨唸唸，翻來覆去都是說一樣的東西，這樣的人實在不應該怪別人「老是不聽我說話」。況且，有用的話說一遍就夠了，對方不聽，那是他的損失。

世界上沒有什麼大道理，非得要一天到晚說個不停才行，即便是以「愛」爲名，以「關心」爲由，對許多人來說，都是太過沉重的負擔，只會徒惹人心煩。到最後，什麼目的也沒有辦法達到的，不是嗎？

PART 9.

不怕沒機會，只怕沒本事

希望找到「對的人」，總是需要一點時間等待，
挑選時別忘了多點誠意與氣度，
好魚兒自然會蜂擁而來，全數上鉤。

放寬胸襟便能容納一切

一旦心中無法「放下」，我們當然會困守在無謂的小事中，鬱鬱寡歡，甚至有志難伸。

生命的路一直都很寬廣，只是走在道路上的人們自己把它畫窄了。許多人以為路窄一點才不會走偏走歪了，或者以為掌控的範圍窄一些，才不會遺失目前所有擁有的一切。

殊不知，人生的視野一旦變窄，那麼他們所能盡情揮灑的空間也將變小。

在秦晉激戰的緊要關頭，晉國的軍隊忽然一陣大亂。只見外圍殺進了幾百個人，他們全是蓬頭赤膊的鄉野村夫，腳上套著簡陋的草鞋，手中則緊握著大刀，一看見

了晉軍士兵便大刀猛砍。

轉眼間，這群猛夫已經衝到了秦穆公面前，他們邊戰邊退，一路上還層層護衛著秦穆公，當晉軍企圖再包圍秦穆公時，晉軍士兵卻忽然全部退下。

原來是猛將公孫枝乘著戰車衝了出來，手裡還緊緊地抓晉惠公的脖子，晉軍一看見君主被抓了，不得不立即放下武器投降。

秦穆公大獲全勝，一回到營中，他便立即詢問那群助戰的壯士來歷。頭目說：「大王，您還記得當年丟失好馬嗎？我們就是那群偷馬人啊！」

秦穆公一聽，才想起了當年的往事。

十年前的某一天，秦穆公帶著最鍾愛的八匹駿馬上山打獵，白天他們玩得很開心，晚上則在山上紮營休息。半夜時，穆公忽然聽見馬兒的嘶叫聲，不一會兒工夫便有人來報告：「八匹駿馬被偷了！」

秦穆公一聽，連忙命人搜尋，不久有位官員回報說：「山腳下有三百多個野人正在烤馬肉吃，因為我看見旁邊還有馬兒的皮毛。」

沒想到原本心急不已的秦穆公，這會兒卻說：「是嗎？唉，算了，馬兒都已經

死了，殺了他們也沒有用。他們想來是餓壞了，我若是為了畜牲而殺人，百姓們一定會批評寡人只看重畜牲，不重人命。」

接著，他吩咐下人：「你們把帶來的好酒送去給他們喝吧！」

使者把美酒帶到這群野人的面前說：「我國君主說，吃馬肉如果不喝酒，恐怕會傷身體，這些酒是要賞賜給你們的。」

野人們一聽，全跪了下來說：「君王真是賢德。我們偷了他的馬，他居然一點也不怪罪，還賞賜給我們這麼多美酒。如此恩情我們一定會回報的！」

所以，當他們聽見秦穆公親自帶兵討伐晉國時，便立即趕到戰場，希望能為秦國效勞，沒想到卻救了秦穆公的性命。

就像秦穆公所說的，事情都已經發生了，再多的責罰也換不回馬兒的性命。更何況偷馬者不過是鄉野村夫而已，如此善體人意也正是秦穆公的過人之處。

一個能做大事的人自然懂得忍人所不能忍。面對著摯愛的八匹駿馬被殺，秦穆公不僅沒有下令追捕，反而以寬廣的胸襟理解偷馬者的需要，的確難能可貴。一個

轉念「放下」，不僅讓他保住了仁君的名聲，還贏得了一群驍勇善戰的烈士。

這雖然是一則攸關國家興亡的故事，然而其中的旨意卻能用於平常，那便是學會「放下」與懂得衡量事情的輕重緩急。

我們轉換個場景，來到日常生活中，試著回想我們與人爭吵是爲了些什麼原因？是爲了微小的損失與人斤斤計較？甚至是脾氣暴躁地與人爭吵賭氣？

許多人經常會爲了一些芝麻綠豆的小事爭吵，也老是被一些可有可無的外在事物所牽制。一旦心中無法「放下」，又或是分不清楚事情的嚴重，我們當然會困守在無謂的小事中，鬱鬱寡歡，甚至有志難伸。

秦穆公在故事中告訴我們，他的成就在於這段話：「放寬心胸，因為許多重要的關頭還未度過，我們哪有心思再煩惱那些瑣碎小事？用心評估事情的輕重緩急，因為成敗往往就在一個轉念之間。」

不怕沒機會，只怕沒本事

希望找到「對的人」，總是需要一點時間等待，挑選時別忘了多點誠意與氣度，好魚兒自然會蜂擁而來，全數上鉤。

每個人都有非常多的機會，然而我們可以把握多少？自己又有多少本事？其實，機會從來不怕你來搶奪，只怕你在搶到手後，卻沒有本事好好把握它。

當年，姜太公會來到渭水岸邊隱居，不只是因為受不了紂王的殘暴，還希望能尋找明君來拯救世人。居住在渭水一帶的西伯姬昌，正是他心目中的第一人選。

當時，姜太公為了吸引姬昌的注意，他故意垂著直立的魚鉤，且魚鉤離水三寸之遠，每天靜靜地坐在河邊垂釣。這樣奇怪的釣魚方法當然引起人們的注意與議論，

不久，如此奇人奇事便傳進了姬昌的耳裡。

他心想：「此人必定是個奇人！」

於是，他立即命兒子姬發至河邊，邀姜太公入宮一聚。

不料，當姬發出現在河邊時，姜子牙卻是滿臉不屑的神情，嘴裡還喃喃地說著：

「唉，怎麼魚兒不上鉤，卻來了蝦蟹瞎胡鬧！」

姬發拜託了許久，卻怎麼也請不動姜太公，最後只得空著手向姬昌回報。

姬昌聽完解釋之後，反而更加確定了此奇人的獨特。

翌日，姬昌親自來到岸邊討教，遠遠地便聽見了姜太公的叫喊聲：「不想活的魚兒，請上鉤吧！」

姬昌一聽，立即謙恭地上前詢問：「魚鉤離水三寸，如何釣得到魚呢？」

「願者上鉤！」姜太公答道。

姬昌發現他見識非凡，於是轉而議論時政，從中他們慢慢地建立起相互的信任。

最後，姬昌表示自己平定天下的宏願，姜太公也清楚表明願意全力輔佐的心跡。

就這樣，姬昌拜姜太公為國師，日後姬昌平定犬戎，追謚為文王，是中國古代

著名的賢君。姜太公則是文王及其子周武王二代的輔國重臣，明君能臣功蹟卓著。

「賢才不易尋，知音更是難覓」，無論姜太公還是周文王，爲了找到眞正的知音，在拿捏「先退後進」或「先進後退」時，每每沈吟考慮再三，等了又等。

畢竟，沒有經過考驗，雙方都很難知道彼此的誠意與本事，雖然有考驗，但是正如姜太公所表現的，只要有悟性，只要緣份夠，魚兒必定願意上鉤的。

回到現實生活中，我們是否應該問一問自己有多少本事能夠讓人積極爭取，成爲爲團體效力的一份子呢？

有實力的人不怕寂寞，因爲一定會有慧眼獨具的人，能看見你的才能與天份。至於正積極尋求突破的經營者，也別擔心缺乏好的人才參與協助事業。希望找到「對的人」，總是需要一點時間等待，挑選時別忘了多點誠意與氣度，好魚兒自然會蜂擁而來，全數上鉤。

誠實、踏實是經商的第一要件

我們無須絞盡腦汁地偽裝自己，更不必打腫臉充胖子。只要能率真地表現自己，堅持質樸的言行，那麼人們自然會認同我們的實力與努力。

誇大與自負時常引誘我們進入險境。那些喜歡自吹自擂或自以為是的人，不僅常常忽略自己的不足處，也經常看不見對手即將超越自己的事實。

所以，誠實地面對自己的優缺點，踏實地將自己的能力表現出來，才是我們爭取成功機會的最佳方法。

在一場重要的商業會議中，有間名聲很差的廠商也積極出席。但是，他們為了替自己爭取更多的利益，竟誇張地吹噓著自家產品，甚至誇過了頭，此舉令許多同

行業者都忍不住搖頭。

接著，該公司代表還拿現場同業的產品來比較，並以明褒暗貶的方式攻擊對手，他們心中盤算的是：「哼！誰能跟我們比，我只要說句話就能把你們打敗了！」

至於那些被貶抑的廠商代表雖然氣憤，但礙於在這樣的大場合不便發作，同時也因為對方沒有直接批評，所以他們沒有加以反駁。更何況「和氣生財」也是大多數商人們的經商圭臬。

不過，就在這個時候，有個同業代表忽然站起來回嘴了，因為他的公司也被對方批評得十分誇張，明捧暗貶的話中話實在令人難受。

在這樣的場合中，大多數人都期望他輕輕帶過就好，沒想到他竟然大力吹捧起自家產品，接著更對該家廠商的產品毫不避諱地直接批評，而且一口氣損個夠。

這個舉動不僅令對方代表愣住了，連其他與會的廠商代表也緊張得繃緊了神經，甚至身邊的伙伴也忍不住對他說：「你吹得太過了啦！」

沒想到他卻笑著說：「是嗎？不如讓我和大家說個故事吧！從前，有個製鼓的人說：『我家裡有一面鼓，只要一擊鼓，它的聲音能傳送千里。』有個人聽出他在

吹牛，於是他大聲地說：『是嗎？那我家有一頭大牛，當牠的頭正在江南喝水時，尾巴卻一直伸到對岸。』製鼓人一聽，立即駁斥：『根本沒有這麼大的牛。』對方則說：『沒這麼大的牛，怎麼能蒙住你吹牛的大鼓呢？』同樣的道理，我們家的產品如果不好，又怎能超越他們呢？」

大家一聽，忍不住哄堂大笑，原來他是故意在嘲諷該公司的吹牛招術。

最後，這位機智的代表再也沒有誇張地介紹自家的產品，因為他已經獲得了許多業者的青睞。現在他不必再吹牛，只要詳細地介紹自己的產品，即使坦白地說出產品的優缺點，也能贏得買家的信任。

其實，每個人都知道自己的能力有多少，也看得見別人的能耐有幾分。只是我們能冷靜地看出別人的能力，卻總是不肯面對自己的實力不足，於是就會像故事中習慣用吹牛來誇大自家產品的公司代表一樣，不斷地打腫臉充胖子。

別忘了，許多成功者一再地叮嚀著我們：「待人接物的準則是謙虛與坦誠，然後你就會得到旁人的信任，之後才能享受成功的喜悅。」

每個人的實力到底有幾分，無須吹捧也不必他人大肆讚揚，因爲我們的能耐只要一面臨表現機會，自然能誠實地展現在人們眼前。

人生的智慧眞的很簡單，無論在哪一個領域中，我們眞正應該在意的不是華麗的結果而是努力的過程，應該關注的也不是最後的感受，而過程中學習到的領悟。

所以，我們無須絞盡腦汁地僞裝自己，更不必打腫臉充胖子，只要能率眞地表現自己，堅持質樸的言行，那麼人們自然會認同我們的實力與努力。

我們都知道自己的斤兩

不同的人有不同的路要走，也會有不同的學習經過。只要我們不自卑、不自負，其實都站在相同的立足點上，享受相同的成功喜悅。

沒有人可以鄙視他人，更沒有人需要刻意地僞裝自己的實力。因爲「知」與「不知」其實沒有差距。確定自己「不知」，我們就要立即虛心學習；如果我們眞的學識充足，滿腹經綸，便要有謙虛分享的意願，因爲這正是促社會進步的重要助力。

亨利．福特是汽車業先驅，但沒有接受過完整的學校教育，讓許多人紛紛發出質疑批評的聲浪，有些人更是毫不客氣地批評他：「這傢伙是個沒教養的人。」

在第一次世界大戰期間，芝加哥某間報社更嘲諷他：「亨利．福特根本是個無

知的和平主義者。」

聽聞這些指控與不公平的批評，一向以和為貴的福特先生也不禁動怒了，他向法院控告報社惡意毀謗。

在法院審理這件案子時，報社的委任律師要求福特先生坐上證人席，並提出一些冷僻無趣的問題詰問，企圖讓福特先生在陪審團面前出醜，進而證明他原本就是毫無學識的無知之士。

「福特先生，雖然您擁有汽車方面的專業知識，但是您知道班尼迪特．阿諾德是什麼人嗎？還有，英國在一七七六年派了多少士兵前往美洲鎮壓叛亂呢？……」

報社的委任律師一口氣提出了好幾個問題，不過這些問題似乎連那些「有教養」的人也不一定知道，因為有幾位陪審團員聽見時，也曾困惑地皺了皺眉。

至於福特先生，只見他靜靜地聽完律師的問話，最後搖了搖頭並嘆了口氣說：「我不知道英國究竟派了多少士兵，但是我知道，派出去的士兵比後來生還回國的人數還要多上許多。」

律師們沒料到問題居然被福特巧妙化解，於是他們緊急遞出了許多問題草稿，

連番地提出許多艱澀冷僻的問題，急迫地要一舉擊倒福特。

福特先生面對這些的問題越來越感到厭煩，當他們提出一個具有人身攻擊的問題時，他站起來怒指著向他提問的律師說：「先生，如果我真想回答你剛剛提出的愚蠢問題其實並不難，因為在我的辦公桌上有一排按鈕，只要我一按下，馬上就會有人來回答你。試問，我身邊既然有那麼多專門提供我所需知識的人，我為什麼還要在腦子裡塞進這些無用的知識呢！」

聽完福特先生的話，現場登時鴉雀無聲，因為這個答案令律師啞口無言，更令現場其他的人忍不住心生敬佩，反省自己的偏見。

特別是陪審團們聽見福特先生的話後，個個都忍不住認同地點著頭，因為他們知道，這是個「有教養的人」的答案。

沒有人能否定這樣的答案。我們都很清楚，一個人的實力或學識並不在於累積了多少張學校證書，而是在於我們是否知道知識要從哪裡取得，又是否能將知識吸收應用，轉化為實際行動。這也正是福特在故事中所積極傳遞的價值觀。

雖然福特在故事中沒有明說，但是他所要傳達的心意不言可喻：「雖然我的學歷比不上別人，但是我知道，自己的領導能力與學習能力一點也不輸別人。只要我願意與人合作，便能整合出一個智慧無限的『福特智囊團』，那麼我自然能掌握一切上天下地的知識。」

換個角度看，我們也發現了，「謙虛」原來是學習最重要的助力，相對的，「鄙視」則是最大的阻礙。

其實，每個人的未來不應該受限於出生背景的好壞，成就更不應該受制於學習機會的優劣。因爲，不同的人有不同的路要走，也會有不同的學習經過。只要我們不自卑、不自負，其實都站在相同的立足點上，享受相同的成功喜悅。

再多的回饋也滿足不了貪求的心

在現代社會中，為了一己之利，看似和平互助的表面，暗地裡往往隱藏著諸多陷阱，等著肥羊上鉤。

即使，歷史故事中關於貪婪的悲劇一再向我們提出警訊，但故事中的啓示似乎並未被人們重視。

人們要繼續朝往哪一個方向進化，一直有許多人努力地思考。雖然時至二十一世紀的今天，科技進步實現了世界一家的地球村夢想，但人們的生活要如何走出古老的私我滿足慾望中，也許還有好長一段路要走。

楚成王以國君隆禮接待晉國公子重耳之後，流亡到楚國的重耳決定在這裡居住

下來，不再四處逃亡。

有一天，楚成王請重耳一同打獵，在一陣追逐玩樂之後，楚成王邀請重耳入宮吃飯。席間，楚成王帶了點酒意問道：「公子到我國之後，生活安穩，衣食無缺，不知道您將來重返晉國後，會用什麼方式來報答我呢？」

重耳心想：「沒想到楚王竟然想要挾我，不行，我不能有失大國的尊嚴。」

於是，他不卑不亢地回答說：「楚王，那些美女玉帛都是您早有的東西，山珍海味與飛禽皮革都是您楚國的特產，我國很少有這樣的好東西，實在不知道要用什麼來報答您啊！」

楚王笑著說：「話雖然這麼說，不過您總該有一些表示吧？寡人只是想聽聽看，直說無妨。」

重耳見楚王咄咄逼人，只好回答：「好，如果大王願意以您的聲威願意助重耳收復晉國，那麼重耳願意與大王結為盟國，讓兩地人民可以安居樂業。不過，世事難料，如果兩國不得已交戰起來，我必須與您一決高下的話，那麼我願意先退避三舍之遠，不與您爭搶。」

楚王明瞭彼此都各謀己利的立場，就不再多說什麼了。

不久，晉國又發生了動亂，晉惠公不幸身亡，惠公之子私自從秦國跑回晉國接掌大局，是為晉懷公。

然而，秦穆公對晉懷公偷跑回國一事非常不高興，於是他派了公孫枝到楚國與重耳商談，終於派大軍護送重耳回晉收復失土。

歷史故事中的權力鬥爭經常充滿了可怕的佔有慾望。重耳的「退避三舍」說，雖然暫時安撫了楚成王，卻始終都埋伏著國與國之間爭權奪利的角力。

在現代社會中，許多角力戰的背後也潛藏著相同的利益糾葛。爲了一己之利，看似和平互助的表面，暗地裡往往隱藏著諸多陷阱，等著肥羊上鉤。

也許對重耳來說，每一段遭遇都是人生中最難得的。畢竟，若不是權力慾望的作祟，他也許無法看盡權力鬥爭的可怕。若不是受盡世間炎涼，他也無法感受到利慾薰心的可怕。

其實，無論結盟與否，也不管會不會有退避三舍的一天，重耳想必已經從中領

悟到，一旦涉及了權與利，人們友好的態度中始終另有內情。在這個競逐權力的社會中，想看見簡單純眞的互助心意，恐怕比登天還難吧！

回到現今社會，相似的慾望結構，相同的逐利技巧，我們看見了人們始終都脫離不了「爲謀己利」，也了解到人與人之間難有簡單的眞心。

分享成功比擁有成功更重要

不遺棄身邊的患難之交，不忘記曾經歷的辛苦，我們才能穩坐眼前的成功寶座，當然也更能擁有永久支持、患難與共的好朋友。

瑟蒂斯曾說：「人性只有一條通則，放諸四海皆準，那就是口口聲聲自稱紳士的人，絕對不是紳士。」

因此，發誓要不惜爲你獻出生命的人，可以在幾天以後就將你拋棄，揚言跟你誓不兩立的人，也可能在幾天之後，跟你化敵爲友。

看懂了嗎？這就是赤裸裸的人性。

船身正倚靠在岸邊，等待著晉國的公子重耳與隨臣上船，護送他們回到晉國。

重耳一想到自己出走之後四處流亡了十九年，今天終於可以返回晉國坐上晉國國君之位，臉上滿是驕傲。

這時，小吏在一旁努力地將一件件逃亡時帶出的物品搬上船。

重耳一看卻哈哈大笑說：「你未免太小家子氣了吧！想我重耳今天就要回晉國當國君了，未來掌握了一國生殺大權，想要什麼就有什麼，你何必這麼辛苦地搬運這些破東西呢？丟了它吧！」

看著這些東西一個個被扔入河裡，隨行的狐偃心中十分感嘆，心想：「公子還沒有得到富貴便忘了貧賤時的遭遇。等他回國之後，想必也會喜新厭舊，忘了這些曾經陪他共患難的人。」

看著那些舊東西一件件沉入河底，狐偃忽然跪倒在重耳面前，接著拿出秦穆公贈送的玉璧說：「公子，今天您就要回到晉國了，國內已有諸位大臣輔佐，國外也有秦國支持，您已經沒什麼好愁慮的了。如今我是否要繼續跟隨公子已經不重要了。不過，我很願意留在秦國，繼續做公子在國外的臣子，這對玉璧是否能賜與我，作為臨別的禮物呢？」

重耳一聽，連忙上前扶起狐偃：「您為什麼不隨我回晉國呢？」

狐偃笑著回答：「其實，臣有三項罪過。第一，賢臣可以使君主尊貴，並讓君主平安，但微臣無能，竟然讓公子在外飄零十九年；再者，我曾經讓公子在營國受到侮辱；第三過是，我曾乘著公子喝醉時，偷偷將您運出齊國，以致引得公子生氣。如今，微臣的任務已經完成，公子就要回晉國了，臣奔波了這麼多年，早已心力交瘁，一如那些丟入河裡的破東西一般，早就沒有什麼用處了，所以請求您讓臣子留在秦國吧！」

重耳聽完狐偃這番話，忽地恍然大悟。一瞬間，十九年來的勞碌奔波全部憶起，接著流下了眼淚說：「先生，您教訓得太好了，這件事是我的錯。」

於是，他立即命人把丟掉的東西全部撿了回來，接著卻將這對玉璧往黃河裡扔去，他說：「今天，我們以黃河為證，我重耳回到晉國後若是不念舊情，不與臣子同心治國，子孫將不得善終。」

「共患難易，共享福難」這是許多人在幾經人性考驗後的結論。眾人齊心努力，

最後結果再好也是枉然，因爲當達到了目標時，人們卻反而拋棄舊情，深陷醜惡的人性爭戰之中，好事成了壞事。再幾經爭名奪利之後恩斷義絕，人們再次地跌到了谷底，那些明明到手的成功也全部消失。

所以，狐偃巧妙地以退爲進，提點著重耳：「不要遺忘有福同享的重要，因為忘恩負義往往是下一場失敗的開端！」

能夠無私分享的人，因爲隨時關照別人的心，才能在他快樂之時也得到相同的共鳴。就像重耳與狐偃一般，不遺棄身邊的患難之交，不忘記曾經歷的辛苦，我們才能穩坐眼前的成功寶座，當然也更能擁有永久支持、患難與共的好朋友。

凡事先把話說在前面

朋友之間合作事業最好能避就避，如果非得合作，那麼在工作上，你們便要分得比一般同事更加清楚。如此才能免除許多不必要的依賴與糾結。

朋友之間合作，經常因爲面子問題或感情因素，以致於許多利益上的問題老說不清楚。大家又礙於情面，即使利益分配不公，也不好討價還價，如此一來，不滿的情緒便開始累積了。

因此，想和朋友合作愉快，凡事都要把話說在前頭，而不是等情緒累積到滿溢時才宣洩出來，這不僅只會兩敗俱傷，更徒讓人們看笑話而已。

兩年前，雷諾和幾個老同學合資開了一間公司。一開始大家十分配合，而且個

個都幹勁十足、熱情洋溢。

但是，熬過了最忙碌的苦日子之後，大家也開始計較利益回收的問題了，雖然大家的股份都一樣，形式上也有法人在管理，但是一提到公司日後該由誰「領導」，似乎誰也不願讓誰。

說好都是朋友，也說好大家要互相幫忙，更說好要有福共享有難同當，但是一把問題擺上桌討論，每個人都認為自己的意見才是最正確的，也認為自己才能帶給大家最好的收益。有人就說：「要我出多少錢都可以，只要你們都聽我的！」

沒想到，大家各自為政，對於這個問題他們始終僵持不下。

最後，他們不得不將公司解散了，當初的理想與計劃也只得回到原計劃者的手中，各自奮鬥。很奇怪的是，各自為政後他們反而更能相互溝通與幫忙，朋友之間的情誼似乎也更加緊密了，效率更是出奇的高！

雷諾對他這群朋友的評論是：「朋友分為很多種，有的可以一塊享樂，有的可以共事，當然也不乏生死之交的友情。不過，無論是哪一種情況，許多人都很容易忽略了一點，那便是千萬別把朋友和工作繫在一塊。因為好朋友不一定能成為好同

事，而同事更不容易成為你的知心好友！」

聽見雷諾這麼評論，相信有許多人都要忍不住地用力點頭吧！

儘管朋友是生命的一部份，但是朋友最講究的卻是志同道合，和絕不受利益所干擾。但是，前者原本就不容易了，更何況是後者？畢竟人與人之間，一旦涉及利益糾葛，好朋友也要成爲仇人。

其實，同事與朋友之間最大的不同處，便在於同事關係只有一個目標，就是要爲公司帶來最大利益，彼此之間的依存關係其實正關乎公司的興衰。

也因此在這個由陌生到熟悉的過程中，同事之間的情誼再好，也始終保有一定的距離，彼此之間的關係才不會因爲升遷而出現變化。畢竟大家都知道，這是個以實力來分等級的環境，在每個人心中都有一定的遊戲規則。

然而從朋友發展到同事卻不同了。也許剛起步時，大家還無暇計較利益得失，一旦成功了，付出的多少便會一一浮上檯面。原本是平等的交誼，忽然變化成爲從屬關係時，即使是知交好友也難免產生芥蒂。

所以我們常說，從同事發展爲朋友容易，但想從朋友變成同事恐怕會發生許多困擾，因爲彼此心中始終有一個疙瘩：「因爲我太了解他！」

所以，朋友之間合作事業最好能避就避，如果非得合作，那麼在工作上，你們便要分得比一般同事更加清楚。如此才能免除許多不必要的依賴與糾結，或是因爲立場不同而導致好友反目。

愛，有時只是一種手段

愛是一層糖衣，任何東西只要加上一層愛的裹覆，就連砒霜溶於口舌之時，也可以變得甜蜜。

愛，可以是眞摯的情感，但對「有心人」而言，卻也可以是一種手段。最可怕的一種人性不是「邪惡」，而是「僞善」；看不見的危險，才是最令人恐懼的地方。

美國有位獨居老人孑然一身，沒有妻子兒女，年邁衰老又體弱多病，因為缺乏家人照料，最後不得不考慮住進養老院。為了負擔養老院的費用，他只好忍痛出售自己現在居住的漂亮房子，變換現金來渡過餘生。

這棟漂亮的別墅十分寬敞舒適，而且交通方便，因而吸引了眾多有意購買的人前來洽詢。

「瞧瞧屋前這片綠油油的草地，正好適合一家人一起野餐！」

「屋裡的設計、裝潢全是大師的傑作，住在這裡，生活可以愜意得像個藝術家。」

來看房子的人都對這棟房子讚不絕口，於是房子的身價隨著眾人的蜂擁而至一翻再翻，價格不斷攀升。

老人對這樣的情況完全沒有一絲喜悅，只有無限感慨。想想自己在這棟房子裡渡過了大半生，每個角落都有自己青春歲月的回憶，要不是近年身體狀況不佳，是絕對捨不得賣掉自己心愛家園的。越多人對這棟房子表現出喜愛，只是提醒自己即將割愛，提醒自己人生就是有這麼多的無奈而已。

老先生始終猶豫不決，不曉得究竟哪位才是最適合這棟房子的買主，直到有一天，一位衣著樸素的青年來到老人面前。他誠懇地對老人說：「老伯伯，我也很想買這幢房子，可是我的錢沒有那麼多。」

老人沒有說什麼，年輕人接著說：「不過，如果你肯把房子賣給我，我希望你可以繼續生活在這棟房子裡，我會每天陪伴你一起喝茶，一起散步，我會盡我所能照顧你的。」

年輕人握著老人的手，表情真摯，你認為老人會不會把房子賣給他呢？

愛是一層糖衣，任何東西只要加上一層愛的裹覆，就連砒霜溶於口舌之時，也可以變得甜蜜。

也許這個年輕人是眞的想陪伴這位老人渡過餘生，但是在今日的社會裡，這樣的舉動實在令人不得不懷疑。

說不定，這個年輕人的眞實目的只是爲了以低廉的價錢得到這棟房子，老人是他過河的橋樑，愛心是裝飾河面的燈火，過了河以後，結局會不會是橋拆了，燈滅了？

這樣的擔憂，或許比較負面，抹煞了人性中良善的一面，但是，殘酷的現實社會裡，不就充斥著這類虛僞狡詐的「愛心」嗎？

正因爲我們永遠不知道別人的心裡究竟在想什麼，評估人心的時候，審視他人的眼光要更爲謹愼，眼光儘量放遠，不要把一時的言論與行動當做唯一的評價指標。

當然，我們用不著對別人要弄心機，不過一定要提醒自己有哪些地方該小心提防。

PART 10.

恃才傲物等於自尋死路

每個人的能力有限，即使天賦異稟也總有弱點，
沒有什麼東西值得我們驕傲的，
謙卑與謹慎才是有為者的處世之道。

瞧不起落水狗，小心大禍臨頭

綦舜短視近利，以為張敞即將失勢，因此見風轉舵，瞧不起落水狗而怠忽職守的結果，卻是讓自己大禍臨頭。

俄國作家托爾斯泰寫過這麼一句話，勉勵人應該成爲一個負責任的人，第一件事就是把事情做好，他說：「如果你要做某件事，那就把它做好。如果你不會或不願做好它，那最好不要去做。」

換工作，在現代是一件稀鬆平常的事，但是不管是主動離職或是被迫離開，最重要的就是要做好交接工作，交接工作做得好，不但可以給人負責任的感受，更可以爲此免去不少不必要的麻煩。

除此之外，還應該把握一種態度，那就是「當一天和尚，就敲一天鐘」。

張敞在西漢宣帝當政的時候被任命為京兆尹，負責掌管京都的事務，他擔任這個官職時間長達九年，後來因涉及到與被殺的中郎將楊惲的關係而受彈劾。

至於絮舜則是張敞底下的捕快，因為張敞遭到彈劾，五天後將被罷官的消息已經傳得整個京城裡沸沸揚揚，所以絮舜就不把張敞的命令放在眼裡，非但沒有去捉拿張敞下令通緝的盜賊，反而私自回家去睡覺了。

絮舜怠工的事被一個朋友知道了，便勸他行事不要這麼輕率，絮舜輕蔑地回答說：「我已經為這個人出夠多力了，如今他頂多也只能做五天的京兆尹了，哪能再查辦什麼案件呢？」

沒想到這句話竟傳到了張敞耳裡，張敞認為絮舜蓄意怠職，於是馬上派人將他拿住拘押。當時年關將近，算算距離臘月也只剩下幾天了。

西漢的刑律規定，於每年臘月處決犯人，所以張敞下令查辦案件的官吏日夜辦理有關絮舜的案件，務必要在年前完成審理，最後判處他死刑並立即執行。

絮舜被提出監獄處決前，張敞對絮舜說：「五天的京兆尹又如何？臘月已到，

你還能活命嗎？」

絮舜被處決後不久，絮舜的家屬用車載著絮舜的屍體，並把張敞的命令放在上面，四處申訴陳情。於是，便有官員把張敞殺害無辜的事奏報了宣帝。

當宣帝下令徹查的時候，張敞便上書宣帝，答辯說：「臣因為絮舜而犯了罪。絮舜一向是我喜歡的屬吏，曾多次受到我的恩惠和寬待，但是，他以為我受到彈劾，一定會罷官，接受了差事不去辦，私自回家睡覺去了，還說我不過只剩五天的京兆尹可當。如此忘恩負義，敗壞風氣。我認為，絮舜目無法紀，就依違反法令的罪名把他殺了。我並非殺了無辜的人，而且為了堅持我的主張，就是受到了最嚴厲的制裁，也沒有遺恨！」

宣帝看了這番陳述，認為張敞是個執法嚴明的人，便下令召見張敞，並且正式任命他為刺史。

也許有人會質疑絮舜罪及至死嗎？張敞會不會有借勢報復的嫌疑？然而，擔任公職最要緊的就是要能秉公處理，不循私苟且，如何能因爲一點小

狀況，就擅自拋棄自己的責任呢？更何況當時正式的行政命令尚未發佈，就算發佈了，應該執行的任務還是要照章辦理完善，才是負責任的表現。

絮舜短視近利，以為張敞即將失勢，因此見風轉舵，不打算再聽他的命令行事，結果被張敞判了個擅離職守的罪名，遭到處決。瞧不起落水狗而怠忽職守的結果，卻是讓自己大禍臨頭。

或許，張敞的手段略嫌殘酷了些，但是在當時卻也達到了殺雞儆猴的效果。

既然制定了法令，就要以最謹慎的態度去執行，否則法律將形同虛設，正如莎士比亞所說：「我不能把法當做嚇鳥用的稻草人，讓它安然不動地矗立在那邊，鳥兒們見慣以後，會在它頂上棲息而不再對它感到害怕。」

張敞對於自己該做的事情，沒有絲毫的放鬆，也因為如此而博得了宣帝的好感，非但改變了被貶為庶民的命運，更讓自己因此得以更上一層樓。

恃才傲物等於自尋死路

每個人的能力有限，即使天賦異稟也總有弱點，沒有什麼東西值得我們驕傲的，謙卑與謹慎才是有為者的處世之道。

謙卑，然後我們便能以退爲進，進而捉住千載難逢的好機會。

謹慎，然後我們便能見微知著，清楚發現即將面臨的危機，可以早一步做好準備，小心翼翼地爲自己建築出一個再堅固不過的成功未來。

在《莊子·徐無鬼》裡有這樣一則寓言。

有一天，吳王乘舟遊覽至一座猴山。一行人登岸後，卻見猴群們四處逃竄，有些鑽進了荊棘深處，有些則躍到較高的地方觀望。

不過，有一隻大猴子卻不理睬他們，只見牠不慌不忙地坐在原地，從容悠閒地抓搔身體，接著還在吳王一行人的面前玩耍了起來。

忽然，吳王拔箭射向牠，沒想到這隻大膽的猴子十分敏捷，一手便抓住了吳王射來的飛箭。吳王見狀，接著竟下令：「你們將這隻猴子圍起來，我們一起圍射牠，看牠還有多少能耐。」

「發射！」吳王只下一次命令，原本活蹦亂跳的猴子立即倒地不起。

吳王忍不住搖了搖頭，並對著隨從說：「這隻自以為聰明的猴子，想仗恃熟練的技藝，向我們賣弄誇耀，倨傲的結果如何？恃才傲物的結果就是自尋死路，我們可要引以為戒啊！」

有人說「流水無情」，因爲它經常淹死深諳水性的人們，只是我們眞能怪罪水的無情？當然不能，眞該斥責的是人們太過大意與自以爲是，就像故事中的大猴子一般，恃才傲物的結果就是自尋死路啊！

雖說「藝高人膽大」，但是我們也見到許多人因爲自恃技藝甚高，心態上便顯

得無所顧忌，以致於目空一切，經常做出違背常規的行爲，最後還爲自己招來無窮的後患而不知。

吳王從猴子的身上得到了啓發，也傳承給後人們：「千萬不要恃才傲物，每個人的能力有限，即使天賦異稟也總有弱點，更何況是再平凡不過的你我，沒有什麼東西值得我們驕傲的，謙卑與謹慎才是有為者的處世之道，而他們的成功也始終都具備著這兩項元素。」

不要以為運氣永遠提領不完

人生當然會有幸運出現，但是幸運並不是永遠提領不完的，如果不能妥善規劃與應用，那麼遲早會把幸運用光。

寫下《智慧書》等書的西班牙神父B．葛拉西安，說過一句極具深意的話，他說：「待人接物，不要一概出於同樣的才智，而應該因人而異。」

雖然說，一招半式也能夠闖盪江湖，但是如果永遠只有那一招半式，而不知活用與學習，恐怕只能慘死在江湖之中了。

除此之外，世間人可以分成千上百種，每個人的面貌與心性都不相同，脾氣喜好也都不同，如果不懂得適時適地投其所好，相信不但會損失不少機會，而且可能會把自己引入困境。

在《史記·佞幸列傳》之中，曾經記載過這麼一個故事，故事的主角名叫鄧通，他的一生大起大落，曾經名滿天下，最後卻落得不名一錢。他的貴人是皇帝，而將他推入悲慘深淵的人也是皇帝。

鄧通原本是一名船夫，後來很幸運被選入宮裡擔任御船的水手。當時的皇帝是漢文帝，有天夜裡文帝做了一個夢，夢想著他想要升天，卻怎麼也上不去。幸好在這時候，有個頭戴黃帽的人在背後推他，終於使他上了天。他回過頭來看，看不清那人的面貌，只注意到那人的衣帶在背後打了個結。

第二天，文帝來到建在宮西蒼池中的漸台，果然見到有個御船水手頭戴黃帽，衣帶在背後打了個結，正是他夢中遇見的人。

漢文帝召來左右一問，才知道那人名叫鄧通。文帝心想，既然這個人能把自己推上天，必定是個奇才，於是便把他留在身邊，百般照顧。

鄧通倒也老實謹慎，不隨便和外人交往，對文帝一心一意，非常忠心。文帝多次賞賜他的錢財，總數竟達上億之多，還授予他上大夫的官職。

其實，鄧通並沒有什麼真正的才能，雖然處事謹慎，但對國家大事一點也幫不上忙，當然也沒有辦法推薦賢士，他只知道諂媚漢文帝以求自己榮華而已。

有一次，漢文帝命一個善於算命的人去給鄧通看相面，那人鐵口直斷地對文帝說：「鄧通這個人將來要貧餓而死。」

漢文帝憂慮地說：「能夠主宰鄧通貧富的人，就只有我而已，但我又怎麼會叫他受窮呢？」

為了確保鄧通財富亨通，漢文帝還特地下令把蜀郡嚴道的一座銅山賜給鄧通，允許他自己鑄錢。從此，鄧通便發了大財，他鑄造的銅錢佈滿天下，人人都知道有「鄧氏錢」。

自此，鄧通對漢文帝更為忠心了，有一次，漢文帝背上生了一個瘡，膿血流個不停。鄧通覺得孝順皇帝的機會到了，便天天進宮去，用嘴巴替文帝吮吸膿血。

有一天，漢文帝突然問鄧通：「你說，天下誰最愛我？」

鄧通想了一下，恭順地回答：「應該說沒有誰比太子更愛陛下的了。」

結果，當太子劉啟來看望文帝病情，文帝便要他吮膿血。但太子見瘡口膿血模

糊，腥臭難聞，禁不住一陣噁心，但又不敢違抗，只得硬著頭皮吮吸。

後來，劉啟聽說了鄧通常為文帝吮吸膿血一事，心中感到一陣慚愧，但也因此而嫉恨起鄧通來了。

漢文帝死後，劉啟即位，史稱漢景帝。早看鄧通不順眼的景帝，找了個機會免去鄧通的官職，讓他回家閒居。不久，有人告發鄧通偷盜境外的鑄錢，景帝下令派人調查，結果人贓俱獲，查明確有此事。

景帝震怒，便命人把鄧通家的錢財全部沒收，鄧通頓時變成了窮光蛋，還欠下好幾億錢的債務。

景帝的姐姐長公主記住了文帝臨死前交代不讓鄧通餓死的遺言，便賜給他一些錢財，想幫他渡渡難關。但是，鄧通一收到錢，官吏馬上把這些錢財拿來抵債，連一根簪子都不讓他留下。

長公主知道後，只好叫人借給他一些衣食和錢。就樣，鄧通到死都不能占有一分錢，只能寄食在別人家裡。

鄧通不是沒有福氣，沒有什麼才能的他，卻能受到漢文帝的喜好和提拔，過著尊榮的生活。當然，鄧通並不是不知感恩的人，他對待漢文帝比對自己的父親還要好，爲了回饋文帝對他的照顧，當文帝飽受病痛之苦時，他也願意親力親爲地看護，甚至爲文帝吮膿血。

可惜，他的眼界過於短淺，心想文帝的餘蔭能庇佑他一世，沒想到繼位的景帝對他並沒有一樣的看重，而且還因爲他的不安其分而對他懷恨在心。

足可見，靠山山倒，一旦失去了依恃，自己又沒有能力自立，最後終究是沒有什麼好下場。鄧通可以說是將自己的運氣全押在文帝身上，一場豪賭最後全輸光了。

如果一個人過分安逸於現狀，那麼他將很難再進步；如果一個人不曾思索未來的可能變化，不懂得爲未來的每一天儲備戰力，鍛鍊自我，那麼當危機來臨時，恐怕連想跑都跑不動了。

幽默作家馬克．吐溫說：「如果你不去學習，你永遠不會做任何事，只能找人來替你做。」或許，你有幸有人可以幫你，但你能確保永遠都有人能幫你做嗎？

人生當然會有幸運出現，但是幸運並不是永遠提領不完的，如果不能妥善規劃

與應用，那麼遲早會把幸運用光的。

就好比有個人中了樂透頭彩，如果他從此不再工作，只靠著彩金生活，也不想將彩金好好利用去投資，總有一天會坐吃山空，到最後什麼都沒有。

增強自己的能力，不應該是一句空話，讓自己保持在學習的軌道上，留意新的事物，學習新的技能，就好像時時上油保養一樣，就能讓智慧的齒輪不斷轉動，帶領我們永遠創新，而不致於被淘汰。

葛拉西安的另一句名言是：「今日要為明日打算，甚至為多日後打算。最高明的遠見是有備無患。」

隨時磨好刀，加滿油，即使是備而不用，也好過毫無準備。

肚量，決定一個人的分量

心胸狹窄的人，是不容易成功的人，因為他太在意周遭，既不想讓別人比自己成功，也不想看到別人與自己優秀。

玉不琢，不成器，沒有良質琢不出好玉，然而沒有好玉匠，璞玉永遠是璞玉，沒有機會顯露光華，甚至可能永遠被包覆在岩石之中，顯現不出眞正的價值。

懂得發掘人才且善用人才的人，是寬容的。因爲他能察覺別人的優點，非但不以爲妒，反而善用其價值，達到共榮共利的目的。

宋朝文學家歐陽修，同時也是一名政治家。他最為受人讚譽的，就是重視人才培養，舉凡蘇洵、蘇軾、蘇轍父子，曾鞏、王安石都是他門下的弟子。

可以說，在唐宋八大家裡就有一半是經由他大力推介入仕的，其中又以蘇軾的故事最令人稱道。

蘇軾二十歲應試，當時主考官恰巧是翰林學士歐陽修。

歐陽修早就對當前文壇崇尚詭怪奇澀的文風相當反感，所以一看到文風華麗詭辯的，便一律不予錄取。

當他看到一篇《刑賞忠厚論》，頓覺內容紮實、文字清新，不流於俗，超過當次應考的試卷許多，便準備取為第一。

但由於考卷上考生的名字密封，看不出作者是誰，歐陽修以為這文章是他的學生曾鞏寫的，為了避嫌，便只取為第二名進士。

其實，《刑賞忠厚論》是蘇軾寫的。蘇軾不但在考試中顯現了他卓越的才學，之後又在殿試得中，可說是表現極為突出。

歐陽修得知《刑賞忠厚論》不是他的弟子曾鞏寫的，而是初出茅廬的蘇軾所寫，卻只讓他得到第二名的成績，心裡覺得有點過意不去。

蘇軾對主考官歐陽修倒是很佩服，接著連忙又送了幾篇自己的文章請歐陽修指

點。而歐陽修看到蘇軾以後送來的文章，篇篇才華橫溢，更是讚歎不已，認為是難得一見的優秀人才。

他認為此人不可多得，還寫信給當時聲望頗高的梅堯臣說：「蘇軾的文章實在是好，我應當讓路，使他高出我一頭。」

因為蘇軾的才名並沒有太多人知道，所以當時聽說此事的人都很不以為然，認為歐陽修過於誇大，等到他們看了蘇軾的文章後才真正信服。

之後蘇軾由於得到歐陽修等文壇名流的指點，文章越來越好，後來果然出人頭地，和歐陽修等人被後人並稱為「唐宋八大家」。

千里馬尚須遇見伯樂，才有機會大展身手。蘇軾的文才，若非歐陽修毫不嫉才，反而大力拔舉，自然就不會有出人頭地的機會了。

法國作家羅曼．羅蘭說：「心胸狹窄的人不會快樂。心胸狹窄的最簡單定義，是太過分專注於個人的利益，而容不下別人的利益。」

心胸狹窄的人也是不容易成功的人，因為他太在意周遭，既不想讓別人比自己

成功，也不想看到別人比自己優秀，所以將心思與時間都放在怎麼拉別人下馬和怎麼遮掩別人的優點。

可是，這些舉動都是徒勞，因爲在他拉甲下馬的時候，乙早已經快馬加鞭地飛奔過去；即使想盡了辦法遮掩打壓，別人的光芒還是會由縫隙裡透了出來。

歐陽修以實際的行動，展現了過人的寬容，也爲北宋的文壇與政壇注入了一股清流，更雕琢出歷史與文學史中明亮光彩的美玉。

乖乖聽話的人多數缺乏勇氣

不要只想當個安於現狀的命令奴，更不要老想等待別人的意見，自己卻懶得思考，因為「智慧」才是我們應當重視的財產。

與其當個「乖乖牌」，不如當個「有膽識」的謀士。

因爲，人們多數希望求得的人才，不是「乖乖聽話」的應聲蟲，而是希望能早一步看見別人看不見的新契機。

有三名海軍上將正在談論：「什麼是真正的勇氣？」

德國將軍滿臉自信地說：「就讓我告訴你們，怎麼樣叫做勇氣！」

說完，他便召來一名水手，接著對他說：「孩子，你看見那根十米高的旗桿

嗎？」水手點了點頭。

接著，德國將軍便嚴厲地對水手說：「好，我命令你爬到頂端，然後在上面漂亮地向大家敬禮，接著就從上面跳下來，知道嗎？」

水手點了點頭，並以非常快的速度爬上了旗桿上方，並迅速地完成長官的指令。

美國將軍看完後，讚美道：「真是太出色了！」

不過，就在他讚美完德國士兵之後，便對著自己的水兵說：「三四一五，你看見那根二十米高的旗桿？我現在要命令你，立即爬上頂端，然後向大家行兩次禮，接著便跳下來，知道嗎？」

美國大兵點了點頭，說：「是的，長官！」

只見美國水手出色地執行完這個命令，當然，他也獲得了英國將軍的讚美：「這真是一次令人難忘的表演，實在太精采了！」

「不過，現在換我告訴你們，英國皇家海軍對於勇氣的認識！」只見英國將軍滿臉傲氣地說。

「你，我要你攀上那根三十米高的旗桿頂端，然後向大家敬三次禮，然後再跳

下來！」英國將軍向一名皇家士兵命令道。

只見英國水手瞪大了眼睛，叫喊著：「什麼？長官您真的要我去執行這種任務嗎？您是否神經錯亂了！」

沒想到英國將軍這時竟得意地說：「先生們，你們看，敢於違抗不合理的命令才是真正的勇氣啊！」

這是一則十分有趣的故事，在「完全服從」與「勇於反駁」的對比中，從外在行爲表現的勇氣與內在自主思考表現的勇氣中，我們也輕易地分辨出「匹夫」與「勇者」之間的不同。

所謂的「膽識」，包含了「勇氣」與「智識」，一個只懂得服從卻缺乏自我審視能力的人，充其量只是個命令奴。

就像故事中的德國和美國水手，他們的職稱永遠都只是個士兵，想要升級至上校、將軍的位置，恐怕遙遙無期。

反觀英國水手的表現，則充分地表現出能掌理大事的膽識，那不是慣於唯唯諾

諾的人做得到的。唯有經常獨立思考與懂得臨危應變的人才敢違抗錯誤的指令。所以，深明智識比膽量還重要的英國將軍，會如此自信地說：「這個才叫勇氣！」

換個角度看，在你的認知裡，怎樣才算是個勇者？

一個「敢」字就算了，還是必須「勇謀」齊備才能構成？

不論身處在什麼樣的環境中，不要只想當個安於現狀的命令奴，更不要老想等待別人的意見，自己卻懶得思考，因爲「智慧」才是我們應當重視的財產，一如英國的士兵所擁有的。

凡事不能只看表面

人們面對事情時，習慣挑選對自己有利的一面，而刻意略過不利自己的負面消息，直到失敗呈現眼前，才知道自己算錯了每一個步伐。

義大利作家普拉托里尼曾經提醒我們：「紡錘也會不準，甚至鏡子里出現的形象也和實體不一致，教皇也會有說錯話的時候。」

單憑表面去論斷事物是人性的弱點之一，如果不設法加以克服，急躁的結果往往就是讓自己吃大虧。

在人生的道路上，我們可以看到許多人自以爲佔盡便宜，但最終卻經常得面對難料的重創結局。

那是因爲，他們只挑浮華的成功表象來作註解，卻無視於踩在腳下的實際危機，

最終當然要一腳踩空，跌入他們從未料到的失敗深淵。

在肯尼亞的荒漠中，人們發現了一朵超大野菇，它又圓又白的外貌，讓人有種孤芳自賞的感覺。

從地底深處冒出的這把小圓傘，在這一望無際的土地上，好像隨興出遊似的忽然現身，有人說：「它是出來幫土地公公遮陽擋雨的。」

這天，荒漠中出現了六名風塵僕僕的旅人，當他們發現大野菇時，全都圍到野菇旁邊，嘖嘖稱奇。

這時，有個飢腸轆轆的人忍不住提議：「我們把這朵大野菇煮來吃了吧！」

其他人一聽，立即附和道：「好！」

然而，就在多數人正談得興高采烈時，有個人卻在這個時候潑了桶冷水：「不行，這野菇恐怕有毒！」

大家一聽到「有毒」，立即停止討論「烹調方式」，轉而討論：「這朵野菇到底有沒有毒啊？」

然而，他們討論了許久卻始終找不到結果。

這時，一直保持緘默的一個，忽然開口道：「嗯！這朵野菇看起來白白嫩嫩的，我相信一定很好吃！但我更相信，大家吃進肚子之後，你們用腸胃來消化它；但它卻用整個生命來消化你的生命。」

這幾句簡短的話，讓人聽了不禁打了一個冷顫，特別是其中一個差點伸手摘採的旅人，聽完他的話竟後退了好幾步。

一朵野菇與一群慾望饑渴的人們，正好對照出人類佔有慾望的缺陷，許多人以爲佔盡了便宜，卻沒有料到，在看似無力抵抗的背後，其實隱藏著極高的抵抗能量，隨時都能將敵人撲倒。

從這個小故事當中，你還得到了什麼啓發呢？

「凡事不能只看表面」，是吧！

在現實生活中，「表面贏家成爲最後輸家」的情況屢見不鮮，追究其原因，不外乎人們面對事情時，只習慣挑選對自己有利的一面，而刻意地略過不利自己的負

面危機，直到失敗的事實呈現眼前，他們才知道自己因爲貪念而算錯了每一個步伐，卻也爲時已晚了。

凡事皆有其正反面，其實正視反面，並不會阻礙我們前進的勇氣，因爲大多數的聰明人，懂得將反面的訊息視爲一種助力，幫助自己在前進的道路上，躲過任何可能的危機，即使必須是後退一步的閃躲，那也會是向前邁進的最大一步。

提防別人，不如小心自己

不要將對錯全都混雜一袋，因為刻意地略過了自己的缺點，只會讓自己越陷越深，最終害了自己都不自知！

我們總是努力在生活上，提防別人的侵犯，甚至用各種方法阻礙別人的前進，但事實上，許多錯誤其實都是自己所造成的，而我們之所以一直落後他人的原因，則是我們對自己太過姑息的結果。

智空小和尚從樹林裡摘回了許多新鮮香菇，回到寺院，他將所有的香菇全攤在地上，想要將它們曬乾。

這時師父走了出來，看見智空的動作，便對他說：「智空，曬乾以後，記得裝

進袋子裡啊！」

小和尚點了點頭，說：「知道了。」

不過，智空卻有點不耐煩地想：「師父實在太操心了。」

午後，智空正準備將香菇裝進袋子時，師父又出現了，對智空說：「智空啊！不要把香菇全裝進同一個大袋子裡，你要分成幾個小袋子才可以，記得，裝好後一定要封緊袋子，千萬別漏氣了！」

「知道了！」小和尚應了一聲，可是心裡十分不滿師父的「多話」。

過了幾天，智空拿出了幾朵曬乾的野生香菇，並加入青菜裡調味，有了香菇的加入，菜餚的口感更加美味。

第一包香菇用完之後，智空又打開了第二包。

沒想到，就在打開第二包香菇時，他忽然叫了起來：「不好了，師父！」

只見智空慌張地跑到師父的面前，報告著：「不好了！不好了！香菇裡長滿了蟲，不能吃了。」

師父聽完智空的叫喊，一點也不以為意，只平靜地說：「別擔心，你把剩下的

幾包也打開來看看吧！」

小和尚連忙跑回了廚櫃，將其他幾包香菇也打開來看一看，只見他臉上的愁容慢慢地退去，不久便重展笑顏。

師父看見智空的笑容，忍不住敲了敲他的頭，告誡說：「這就是我要你分開密封的道理。你只知道用袋子來預防外來的蟲，卻沒想到香菇本身就可能藏著害蟲，是吧！一個能保護它不受外界侵犯的袋子，其實反過來看，不也是要保護外界不受害蟲的侵犯嗎？」

最後，師父再次叮囑他：「人們常說，害怕別人會傷害自己，其實啊！傷害我們的人不一定是別人，很多時候是我們自己。所以，我們要經常清理自己的心蟲，別讓它偷偷啃食了我們的心，甚至飛出去傷害了別人，明不明白啊？」

智空聽完了師父的訓示，似懂非懂地點了點頭。

一個簡單的香菇分裝，道盡了人們容易「自欺欺人」的深層省思。

我們都知道自己的缺點在哪裡，但卻經常包容自己所犯的錯；反之，我們都看

得見別人的缺點在哪裡，也更習慣直斥別人所犯的錯。

之所以如此，那是因爲很多人只懂得「嚴以待人，寬以待己」，他們忘了凡事要反求諸己的公正態度。

分裝與合裝之間，就像兩種面對自己的態度，一個是嚴格自律，另一個則無論對錯皆混爲一袋，有意略過，兩者之間的差別與結果，想必聰明的人已經預見。

其實，在我們處處提防別人的時候，不妨再深思故事中那位師父的提醒：「懂得分裝深省的人，才能看見細微處的缺點，也才能看見藏匿心中的害蟲，記得，凡事要先反求諸己，看得見自己錯誤的人，才能除去害人害己的心蟲；不要將對錯全都混雜一袋，因為刻意地略過了自己的缺點，只會讓自己越陷越深，最終害了自己都不自知啊！」

迷失，來自心態上的錯誤

只要不是用計較的心理去看待，而是能敞開心胸去面對，無論是退一步還是更進一步，我們一定都會是柳暗花明的榮景。

人們的心靈原本都是湛然一片，對於事情的看法，總是能用最單純且無私慾的角度去思考，然而當心智打開後，不知道怎麼了，視野竟反其道而行，變得越來越窄小，甚至還自我封閉了起來。

在契訶夫的短篇小說中，有一篇《打賭》的故事：

有位銀行老闆和一個人打賭：「只要你願意獨自一個人，在這間房子裡住滿十五年，這期間你不准踏出房門一步，也不能與人交談，必須完全隔絕與外界的任何

接觸，不過，我會提供你需要的書籍排遣日子。只要你能完成這項挑戰，十五年後，我會提供兩百萬盧布作為你的補償。」

這個人接受了銀行老闆的挑戰，於是一場為期十五年的賭賽，立即進行。

他們簽定合約後，銀行老闆便在後園搭起了一間小房子，這間小房子門戶全都是封閉的，只留有一扇小窗，所有的飲食用品或書籍全都從這個窗口送進去。

從此，那個人只要有任何需要，便會將字條放在窗口，銀行老闆就會派人送去給他。於是，將近十五年的時間，這個人就每天待在屋子裡安靜地讀書，當然，從窗口進出的字條與書籍，十五年下來也相當可觀。

一開始，男子借閱的書籍都較娛樂性，慢慢地，他開始選讀文學作品，接著他又進入了歷史、傳記、自然科學等不同領域，後來像是邏輯類或哲學類的出版作品，他也努力學習閱讀。

經過相當長時間的獨居生活以後，他選擇的書籍種類越來越多變，有時候，他上午要一本文學書，下午則會借閱一本自然科學的書籍，由此可他在不同領域書籍中開始交叉閱讀。

然而，就在十五年限期屆滿前，銀行老闆的公司忽然倒閉，並宣告破產。

深夜裡，老闆摸黑接近花園裡的小屋，準備殺掉那個自願關閉了十五年的老朋友，只因他不想賠償那筆賭金。

然而，當他走進屋裡時卻發現，老朋友早在期限屆滿前就已先離開了。

桌上則留有一張字條，上面寫著：「經過十五年的苦讀深思，我終於領悟了人生的道理，人生如浮雲，我決定放棄那筆錢，對不起，我破壞了那紙合約的約定，無論如何，希望您能諒解！」

銀行老闆看完老朋友的信，心中十分慚愧，只見他伏在桌邊，放聲大哭。

迷失，往往來自心態上的錯誤，故事中兩個人的境界差異，看似十五年的累積所造成，其實老闆和友人之間只有一念之差。

一個轉念，男子從金錢的等待情緒，轉換到人生有若浮雲，即使再差一分鐘便能挑戰成功，對他而言，金錢始終是身外之物，因爲從狹隘的小屋中，發現了浩瀚世界的繽紛。

也因為一個轉念，原本大方簽下合約的老闆，卻因為視野越來越偏狹，十五年來他斤斤計較於金錢上的競爭，也受制於生活中的現實，更讓他在最後時刻，忘了承諾，只知計較，甚至還心生歹念，一切就只為了兩百萬盧布。

一個轉念之後，心中出現的是糾結還是開心，當然只能靠聰明的你我在決定前再多想一想，只要不是用計較的心理去看待，而是能敞開心胸去面對，無論是退一步還是更進一步，我們一定都看到柳暗花明的榮景。

純潔過頭，只會被人當成豬頭

在充滿競爭的社會中，除了能力要比別人強，更要比別人懂得智謀的運用和機會的把握。

赫胥黎曾經這麼寫道：「人生最大的悲哀，就是純真的想法，往往被醜陋的事實扼殺。」

確實如此，心思單純的人固然最受人稱讚，但也最容易被有心人坑騙，淪爲任人宰割的豬頭。正因爲醜陋的人性讓人防不勝防，現實的社會中才會充滿各種陷阱與勾鬥，處處可以見到詐欺、坑騙、巧取豪奪、過河拆橋、落井下石……等等讓人瞠目結舌的負面情事。

現實很殘酷，所以你必須多學一點人性擒拿術。在狡詐的人性叢林裡，如果你

不想成爲別人欺壓、算計的對象，那麼，就得具備一些做人做事的心計，才不會被坑被騙被賣之後欲哭無淚……

日本松下公司準備從新聘的三名員工中，選出一位來從事市場行銷企劃工作。這人事主管於是計劃讓他們來個職前「魔鬼訓練」，並從中挑選出最適合的人選。這三個人被送到廣島去生活一天，每個人身上只有一天二千日元的生活費用，最後誰剩下來的錢最多，誰就是優勝者。

生活費已經夠少了，還要有錢能剩下，實在是件困難的事。

一罐烏龍茶的價格是三百元，一瓶可樂的價格是二百元，而且最便宜的旅館一夜也要二千元。也就是說，他們手裡的錢剛好能在旅館裡住一夜，但是這麼一來，他們一天的錢也就沒有了。

所以，他們要不就別睡覺，要不然就不吃飯，除非他們能在天黑之前，讓這些錢生出更多的錢。但是前提是，他們必須單獨生活，三個人不能相互合作，更不能幫人打工。

於是，三個人便開始各憑本事了。

第一位先生非常聰明，他用五百元買了一副墨鏡，用剩下的錢買了一把二手吉他，來到廣島最繁華的新幹線售票大廳外，扮起「盲人賣藝」來。半天下來，大琴盒裡已經裝了滿滿的鈔票了。

第二位先生也非常聰明，他花五百元做了一個大箱子，也放在繁華的廣場上，箱子上寫著：「將核子武器趕出地球，紀念廣島災難四十周年，為加快廣島建設大募捐」。然後，他用剩下的錢僱了兩個中學生，並在現場宣傳講演，不到中午，箱子也裝滿了一整箱的捐款了。

至於第三位先生，看起來好像是沒什麼頭腦的傢伙，也許他真的累了，所以他做的第一件事，就是找個小餐館，點了一杯清酒、一份生魚、一碗飯，好好地吃了一頓，一下子就花掉了一千五百元。接著，他找了一輛廢棄的汽車，在那裡好好地睡了一覺。

一天下來，第一位和第二位先生都對自己的聰明和不菲的收入暗自竊喜。可是，到了傍晚時，兩個人卻同時面臨了意料之外的厄運。

一名佩戴胸章和袖標、腰間配帶手槍的稽查人員出現在廣場上，他摘掉了「盲人」的眼鏡，摔爛了「盲人」的吉他，也撕破了募捐的箱子，在沒收了他們全部的「財產」後，還沒收了他們的身份證，揚言要以欺詐罪起訴他們。

就這樣，一天結束了，當第一位先生和第二位先生設法借到路費，狼狽不堪地返回松下公司時，已經比規定時間晚了一天了，而且更尷尬的是，那個「稽查人員」已經在公司恭候多時了！

原來，他就是那個在餐館裡吃飯，在汽車裡睡覺的第三個先生。他的投資，是用一百五十元做一個袖標、一枚胸章，花三百五十元，向拾荒老人買了一把舊玩具手槍，和化裝用的絡腮鬍子。

這時，公司的國際市場經銷部課長走了出來，對著站在那裡發呆的「盲人」和「募捐人」說：「企業要生存發展，想獲得豐厚的利潤，不僅要知道如何攻入市場，更重要的是，要懂得如何攻下敵方的整個市場。」

人性作家凱特曾經提醒我們：「做人要聰明到懂得見風轉舵，做事精明到懂得

過河拆橋。」

地球已經變平了，競爭者正虎視眈眈想搶走你的機會。想要比別人成功，光是靠認眞和努力是不夠的，有時候在做人方面必須多一點心機，在做事方面必須多一些手腕，才能讓自己在這個充滿變數的社會中出人頭地。

小人爲了陷害別人或是爭奪利益，往往會想盡各種辦法，並且變換各種身分，然後在關鍵時刻，誘使對方墜入他們設好的圈套。現實社會就是這樣，戲法人人會變，巧妙各自不同。在充滿競爭的社會中，除了能力要比別人強，更要比別人懂得智謀的運用和機會的把握。

也許，遭遇到層層阻礙和打擊之時，有人會質疑社會的現實、不公，但是，與其質問別人的投機，不如學習第三位先生的機智。

人的智慧和創意是沒有極限的，當大家都用相同的手段和方法時，只要你能比別人多動腦一分鐘，你就能把別人的機會搶過來，甚至還能爲自己創造另一個獨一無二的機會。

普濟曾經這麼說：「只有懂得看風使帆，才能讓你的生命之船安全抵達人生終

點。」

做人做事多一點心眼，才會多一點勝算。在這個講究策略的年代，心機儼然成了最重要的競爭力。在人性高速公路上，人性擒拿術絕對是讓你避免受重傷的「安全氣囊」，在爲人處世方面，心機則是你的「心靈防彈衣」。

Be Human by Wisdom

Thick Black Theory is a philosophical treatise written by Li Zongwu, a disgruntled politician and scholar born at the end of Qing dynasty. It was published in China in 1911, the year of the Xinhai revolution, when the Qing dynasty was overthrown.

做人要有心機

多一點心眼，才會多一分勝算

做事要有心計

待人處事篇

莎士比亞曾經如此說道：

「才華智慧如不用於有用的地方，便和庸碌平凡毫無差別。造物者是個精於計算的女神，她把給予世人的每一份才智，都要受賜的人感恩，善加利用。」

其實，每個人的心頭都潛藏著一些心機，例如阿諛奉承、過河拆橋、見縫插針以及如何利用別人對自己的
等等，做人有些心計並不是什麼壞事，關鍵就在於如何將心機用在最恰當的時機。

Thick Black Theory is a philosophical treatise written by Li Zongwu, a disgruntled politician and scholar born at the end of Qing dynasty. It was published in China in 1911, the year of the Xinhai revolution, when the Qing dynasty was overthrown.

公孫先生

戰勝人性的弱點 全集

洞悉人性，
就是致勝的捷徑

公孫龍策 編著

馬基維利在《君王論》中說：「為了察覺圈套，你必須變成狐狸；為了嚇跑豺狼，你必須變成獅子。」
這是一個奸人當道、小醜橫行的時代，唯有以牙還牙、以戰止戰，才是強者的成功法則。
你必須像狐狸一樣提防周遭的陷阱；當別人露出豺狼的猙獰面貌時，更必須像獅子一樣兇猛，
而且加倍奉還，千萬不要淪為任人宰割的「代罪羔羊」……

你不能不知道的為人處世厚黑兵法

孫子兵法

為人處世篇

亞里斯多德曾說：

人在最完美的時候，似乎是動物中的佼佼者，
但是，當他為了一己之私的時候，
便是動物中最差勁的東西。

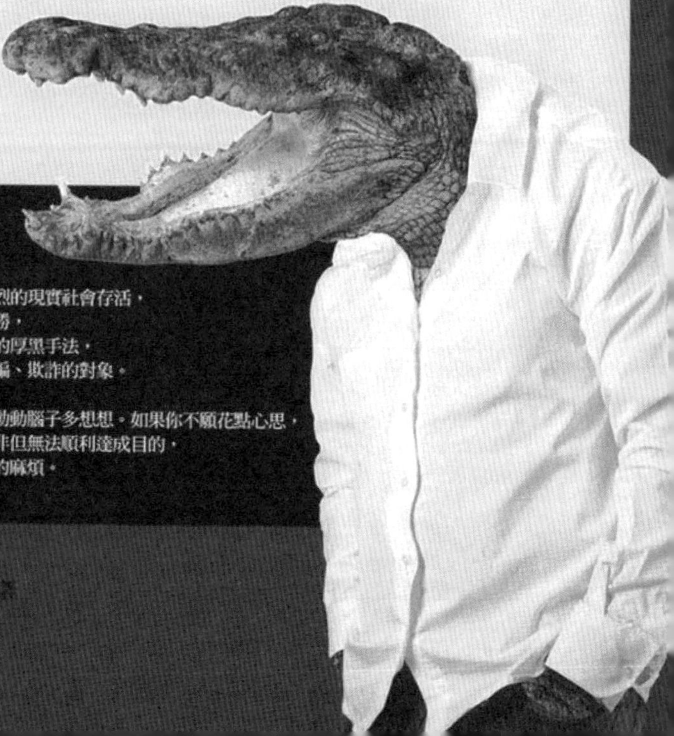

確實如此，想在競爭激烈的現實社會存活，
想在人性戰場上克敵制勝，
必須懂得一些為人處世的厚黑手法，
才不會老是淪為被人坑騙、欺詐的對象。

不管做什麼事，一定要動動腦子多想想。如果你不願花點心思，
還自以為耿直、坦蕩，非但無法順利達成目的，
還會惹來各種意想不到的麻煩。

王照——編著

做人要藏心，做事要留心：見機行事篇

作　　者　王　渡
社　　長　陳維都
藝術總監　黃聖文
編輯總監　王　凌
出 版 者　普天出版家族有限公司
新北市汐止區忠二街 6 巷 15 號
TEL / (02) 26435033 (代表號)
FAX / (02) 26486465
E-mail：asia.books@msa.hinet.net
http://www.popu.com.tw/
郵政劃撥 19091443 陳維都帳戶
總 經 銷　旭昇圖書有限公司
新北市中和區中山路二段 352 號 2F
TEL / (02) 22451480 (代表號)
FAX / (02) 22451479
E-mail：s1686688@ms31.hinet.net
法律顧問　西華律師事務所・黃憲男律師
電腦排版　巨新電腦排版有限公司
印製裝訂　久裕印刷事業有限公司
出 版 日　2020 (民 109) 年 9 月第 1 版
ISBN◉978-986-389-736-1　　條碼 9789863897361

國家圖書館出版品預行編目資料

做人要藏心，做事要留心：見機行事篇／
王渡著.—第 1 版.—：新北市,普天出版
民 109.09 面； 公分. - (智謀經典；32)
ISBN◉978-986-389-736-1 (平裝)

智謀經典

32